講談社選書メチエ
709

叱られ、愛され、大相撲！

「国技」と「興行」の一〇〇年史

胎中千鶴

MÉTIER

目次

目次・章扉デザイン∪宗利淳一

資料の引用にあたっては、読みやすさを考慮し、原則として漢字は新字体に、かなづかいは現代かなづかいに改め、適宜、句読点やルビ、送りがなを加えたほか、明らかな誤字・脱字は正すなどの変更をおこなった。

序章

叱られてばかりの一〇〇年

子どもたちの挑戦を受ける横綱玉錦。
1935年11月

国技館とテレビ桟敷

大相撲ファンにとって、国技館は心躍るテーマパークである。

本場所は午前八時開場、午後六時終了なので、番付の下のほうから見始めれば一日中楽しめる。冷めてもおいしいと評判の特製やきとりをほおばり、ビールを飲む幸せ。通用門でごひいき力士の入り待ちをするときの胸の高鳴り。友人と枡席に陣取り、間近で迫力を感じるもよし、はるか二階の椅子席で双眼鏡片手に「おひとりさま」を満喫するもよし。眠くなったらうたた寝をし、目が覚めたらまた観戦というふうに、思い思いのゆるゆるとした時間が過ぎていく。

午後四時近く、いよいよ幕内土俵入りの時間だ。客席も大半が埋まり、館内の賑わいもピークに近づく。さぞや観客は興奮のるつぼに……と思って会場を見渡すと、実はそれほどでもない。コップ酒ですっかりできあがった人、ひたすら連れと世間話で盛り上がる人。なぜか二階席で読書にふける青年もいる。みな勝手なことをしながら、それぞれのタイミングで取組を見ては声援やヤジや拍手を送っている。収容人員約一万人が一斉に土俵に注目するのは、もしかしたら結びの一番くらいかもしれない。

これほど観客の集中力が欠如しているスポーツや芸能が、他にあるだろうか。

熱戦を繰り広げている関取衆には大変申し訳ないのだが、本場所中の午後五時の国技館は、巨大な居酒屋かファミレス状態である。そしてこのぐだぐだで自由な雰囲気こそが、大相撲観戦の醍醐味なのだ。

そうはいっても、ファンの多くが日頃親しんでいるのは、やはりＮＨＫの大相撲中継のほうだろう。こちらもまた「テレビ桟敷《さじき》」だからこその楽しみ方がある。なんといっても土俵が近い。国技館の二階席だと紙相撲のようなのに、テレビならアップも自由自在、ベテランアナウンサーの実況とともに、決まり手の瞬間や花道の緊張感まで見てとれる。だがそのぶん、相撲興行が持つ華やかで野放図な会場の空気は画面から十分に伝わってはこない。

これがスポーツニュースとなると、なおさらだ。話題の取組だけをクローズアップし、勝敗の瞬間だけを切り取って放映するため、スポーツとしての側面が強調され、視聴者もルールやマナーや技の巧拙にこだわるようになる。会場の観衆が大相撲を「興行」として楽しんでいるとすれば、テレビ中継の視聴者は「スポーツ」的要素に注目しているともいえるだろう。

両国国技館での本場所風景。明るい照明で飲食も楽しめる

「国技のようなもの」

ところで、大相撲には興行やスポーツの範疇に入らないもうひとつの顔がある。それは「国技」としての相撲の実践者という役割である。

あまり知られていないが、大相撲の主催者である公益財団法人日本相撲協会の定款では、協会運営の目的を「太古より五穀豊穣を祈り執り行われた神事（祭事）を起源とし、我が国固有の国技である相撲道の伝統と秩序を維持し継承発展させるため」と明記している。そうなると、本場所や巡業なども「国技である相撲道」の継承と発展のためにおこなわれていることになる。ビール片手にやきとりをほおばっている場合ではないのだ。

相撲に「道」をつけて「相撲道」と称するのであれば、「国技」に邁進する者たちには、「武士道」を連想させるような真剣な態度が求められる。なかでも実践者の頂点に立つ横綱は、単なる興行団体の稼ぎ頭やスポーツ選手とは異なる立場なのだから、土俵上でも私生活でも品性高潔でなくてはダメ、という理屈になる。近年目にする「横綱の品格」とやらも、このような「国技」の枠組みから生じたものといえよう。

とはいえ、「国技」という定義はあくまで協会がうたっているだけで、相撲が日本の国技であると規定する明確な根拠は見当たらない。日章旗や「君が代」は法律で国旗・国歌に定められているが、国技にはそれがないのだ。つまり、「国技のようなもの」というもやもやした認識を、日本人がメディアを介してなんとなく共有している、というのが実際のところだろう。

この「国技のようなもの」をめぐる議論が近年もっとも沸騰したのは、多数の外国人が角界に入門し、上位に進出しはじめた二〇〇〇年代後半である。朝青龍《あさしょうりゅう》ら外国出身力士の素行が問題視され、「国技の危機」として警戒する論調が高まった。メディアがさかんに「伝統」や「神事」を語ることに、どこか排他的な空気を感じた方もいるだろう。

二〇一〇年（平成二二）、朝青龍が引退した。一〇月の断髪式を終えた彼は「生まれ変わったら、大和魂を持った日本人横綱になりたい」と、痛烈な皮肉とも受け取れるコメントを残して日本を去った。

あれから九年が経つ。その間に大相撲界は、二〇一一年の大規模な八百長行為の発覚で存立そのものが危ぶまれる事態を迎え、それをモンゴル出身の白鵬《はくほう》が一人横綱として必死に支え続けた。ことあるごとに自身の目標として、伝説の横綱双葉山《ふたばやま》や大鵬《たいほう》の名を挙げ、過剰なほどに日本的な力士としてふるまおうとした当時の彼の姿を、心にとめておきたい。

その後も外国出身力士の活躍が続いたせいか、「相撲＝国技」という世間の固定観念は以前に比べて薄らぎつつあるようにもみえる。だが、稀勢《きせ》の里《さと》や貴景勝《たかけいしょう》などの「日本出身力士」にメディアが過剰に注目したり、横綱を特別視して「国技にふさわしい品格」を求めたりする風潮は、いまだに根強く存在する。

お墨付きとジレンマ

実のところ、日本人が「相撲＝国技」と認識するようになったのは明治以降のことで、「国技としての相撲」に長い歴史があるわけではない。現在の興行形式が確立したのは江戸時代後期にあたる一八世紀頃だが、その後明治政府の近代化政策のもと、相撲は前近代的で「野蛮な技」として排撃された。それでも大相撲が息を吹き返したのは、一九世紀末から二〇世紀初頭にかけて、日清・日露戦争の勝利によって高揚した日本社会のナショナリズムが、彼らを後押ししたからである。

大正期になると、皇室や政界に人脈をもつ関係者が興行組織の財団法人化を文部省に申請、その結果、一九二五年（大正一四）に大日本相撲協会（現在の日本相撲協会の前身）が成立した。同時期に摂《せっ》政宮賜杯《しょうのみやしはい》（のちの天皇賜杯）を獲得した大相撲は、このとき「国家のお墨付き」を得たといえよう。

横綱双葉山を描いたイラスト。背景に「勝って兜の緒を締めよ／国民精神総動員」とある。『日の出』6月号別冊付録「大相撲夏場所画報」（1939年）より

この「お墨付き」は、大相撲の存続に絶大な影響を与えた。国技の啓蒙活動を担う団体という半永久的かつ特権的な地位は、他のスポーツや娯楽団体を寄せつけない威力を発揮したからである。

一九三〇年代後半から四〇年代の戦時期において、そのアドバンテージは最強となった。国家の庇護のもとで従来通り興行を開催できたうえに、横綱双葉山が前人未到の六九連勝記録を打ち立て、野球など集客力のあるライバルが敵性スポーツとして規制されるという「幸運」まで重なって、まさに独り勝ち状態である。だがそのぶん、国威発揚団体としての「国技の体現」という使命を、よもやおろそかにできなかったのはいうまでもない。

戦後を迎え、一九五八年（昭和三三）に財団法人日本相撲協会と改称（二〇一四年から公益財団法人）されたのちも、協会は本場所

と巡業の実施を独占的かつ安定的に保証されている。だがその保証と引き替えに、「国技としての相撲道」の実践と継承を担うという戦前からの建前を、ますます捨てることができなくなった。品格品格とうるさく責め立てられるくらいなら、もう「国技」の看板など下ろしてしまえばいいかというと、そうもいかない事情があるのだ。

このように現在の相撲協会は、興行と国技の板挟みで困り続けている。興行スポーツとして人気を誇りながらも、一方で「国技らしさ」を求める世論があり、他方でそれに応えるように努力はするものの、時にうまく役割を演じられず非難を浴びる力士たちがいる。困った協会は、不祥事が起こるたびに一応反省し、当座の改善策を打ち出すのだが、しばらくすると何ごともなかったかのごとく、のほほんと元通りになっている（ように見える）。「あのときあれほど言ったのに……」。大相撲を見守る人々は、これまで何度ため息をついてきたことだろう。

国技はつらいよ

こうした角界の「叱られ体質」は、今に始まったものではない。大日本相撲協会が国技と興行というジレンマを引き受けて以来、ことあるごとに彼らは右往左往を繰り返してきた。言ってみれば相撲協会は、九〇年以上の長きにわたり世間からずっと叱られ続けている団体なのである。

なかでも叱られぶりが顕著なのは、やはり戦時期である。当時のお目付役は、雑誌、新聞などの戦時メディアと政治家や文化人たちだった。たとえば「国家に奉仕する相撲道」を提唱した衆議院議員藤生安太郎《ふじおやすたろう》は、「余興的見世物本位に解せられ、且《か》つ享楽され、力士は一種の芸人として看做《みな》される」と、大相撲を痛罵した（『相撲道の復活と国策』一九三八年）。

いくら国民がブームに沸いたとしても、口うるさい彼らが納得するような国技でなければ意味がない。一九四〇年代に入ってからは、敵兵への体当たりをイメージさせる押し相撲に徹した真剣勝負がみられるようになった。それまで真剣ではない勝負がそれなりにあったことの裏返しだが、ともあれ国技館は熱戦の舞台に様変わりする。一九四二年の春場所について、「力士の真摯敢闘」をカッコでくくった嫌味を添えて、こう評価する雑誌記事もある。

今まで、かくあるべきであると叫ばれてきたことがらが、時代の狂風怒濤を浴びて、漸《ようや》く相撲協会の指導理念（こんなものは、ある筈はないが）をゆりうごかし、現実の姿となって現れ出てきたのである。

（『野球界』三二巻三号、一九四二年）

さらにこの記事では、客の飲食が制限されて観戦マナーが向上した点もほめている。かつては座布団や湯呑み茶碗、ビール瓶や日本酒の空き瓶まで土俵に投げ込む酔っ払いがいて、「まるで埃《ごみ》箱をひっくりかえしたような騒ぎ」（『日の出』六月号別冊付録、一九三九年）だったはずの館内が、「きわめて落着いた、それでどこかで息づまる」空気に一変したという。気勢の上がらないようすが見て取れよう。

だが、こうした「観衆までが土俵にとけ込んで真摯敢闘していた」ような厳粛さは、長く続いたわけでもなさそうだ。その後も相変わらず「酒を呑んだり飯を食ったりしながら、土俵を観戦する」客の姿があったようで、相撲愛好家として知られた地質学者の大村一蔵《おおむらいちぞう》は「甚だ、いかんことだと思う」と嘆いている。大村は、さらにこう続ける。

しかも、相撲は武道なりと叫ぶ側の者が、更にこうした光景の中で、平気で相撲を取っているのであるから、観る方も確かに悪いけれど、その罪の大半は力士諸君の方にも充分負わなければならない。

（『野球界』三二巻一七号、一九四二年）

客の不作法まで責任を取れといわれては力士が気の毒だが、当時の国技相撲が土俵を戦場になぞらえている以上、相撲を取る者、見る者一丸となって決戦に臨め、という意見は一応筋が通っている。国技を上手に演じられなかったのは、力士も観客も同様だったのかもしれない。

それでも大相撲はつづく

このように大相撲の近代史は、一言でいうと「愛され、叱られた歴史」である。興行と国技のあいだでなんとなく立ち位置を探りつつ、ときにこっぴどい叱責を受けながらも人々に支持され続け、時代の荒波を案外上手に乗り越えてきた。お相撲さんたちの「その日暮らし」的ポジティブ思考が功を奏したのか、娯楽としての普遍性という強みが作用したのか。どんなに評判を落としても、しばらくすると必ず人気が復活するという点は、今も当時も変わらない。その融通無碍《ゆうずうむげ》な生き方には時々腹も立つが、どこか憎めない不思議な魅力も持っている。

そこで本書では、「興行」と「国技」という二つの側面から、大相撲一〇〇年の歴史をみていくことにしたい。

本書で主役となるのは、当時の文献資料のなかから浮き上がってくる人々である。彼らは必ずしも力士とは限らない。大相撲とは一線を画す「国技」的な教育相撲を模索したアマチュア相撲教師もいれば、引退後に自分なりの「相撲道」を探し求めた元力士たちもいる。そして第一章に登場する昭和天皇は、「国技」を見るべき立場でありながら、「興行」相撲をこよなく愛した人だった。

彼らの舞台は東京の国技館だけではない。大阪や京都や満洲国（現在の中国東北部）、日本統治期の台湾や朝鮮、あるいは戦地と、それぞれの場所で各人各様の相撲人生を生きた。その地を新天地と定め、新しい相撲を作ろうと意気込む者。興行で訪れる力士たちと、それを待ち受ける人々。どの場所にも共通しているのは、相撲を「取る」者と「見る」者が出会い、交錯して、独自の歴史を刻んだことである。

一見すると、一本道をのしのし歩いてきたような大相撲だが、実はこんなにも多様で重なり合った歴史の顔がある。彼らが、なぜ今ここに、このような形で存在しているのかを考えるとき、その歴史を知ることが何かのヒントになるだろう。

それではまず、昭和天皇の話から始めよう。少年時代から国技館が好きでたまらなかった人である。ところで、そもそも国技館はなぜ「国技」館なのだろうか。これについても、第一章でみてみよう。

第一章

裕仁皇太子、土俵を見つめる

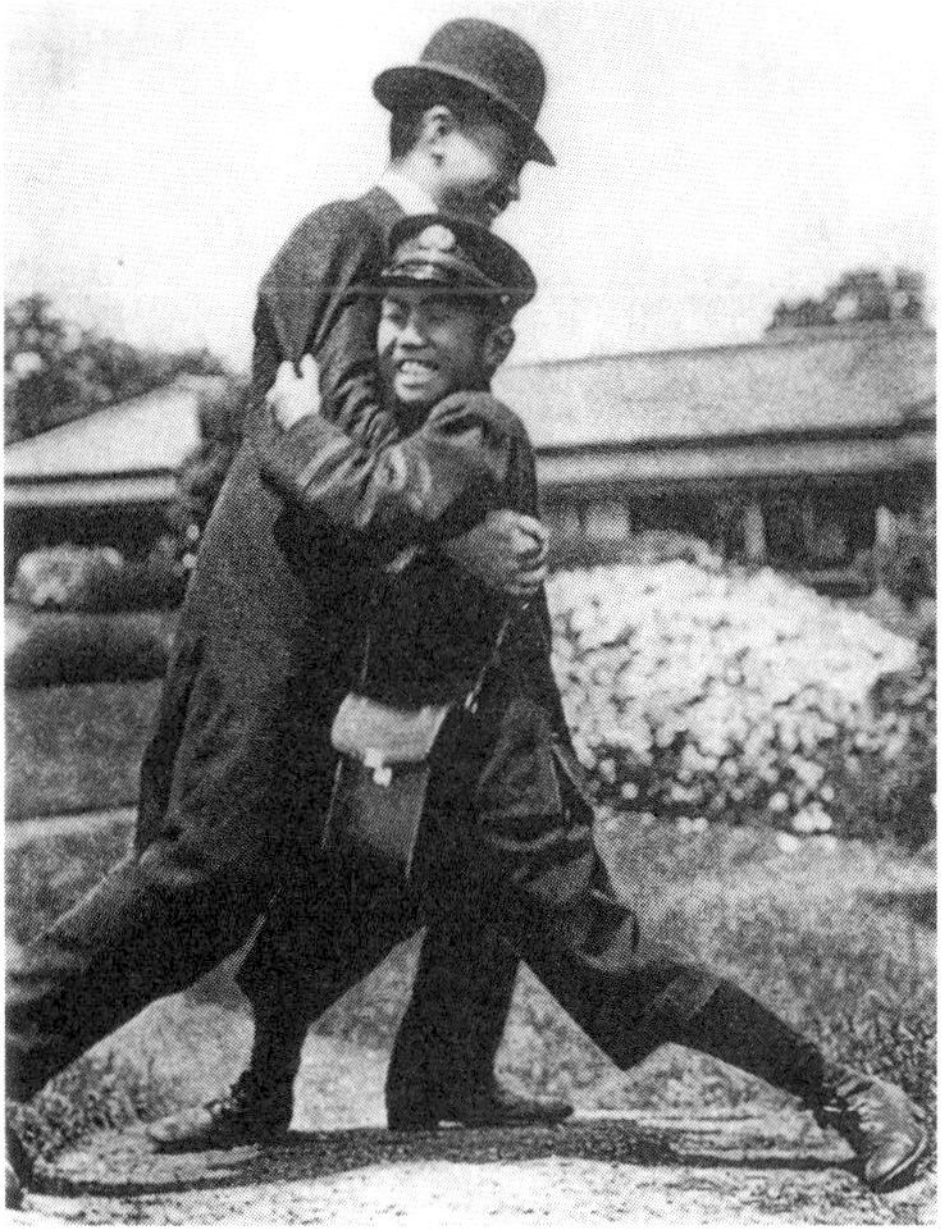

傅育官と相撲を取る裕仁皇太子。1913年

昭和天皇と国技館

1　昭和天皇と大相撲

国技館の貴賓席

　両国国技館の正面二階には、「貴賓席」がある。皇族や国賓が本場所を観戦するときに使う特別な場所だ。周囲と異なる白い壁面に囲まれたスペースだが、普段は何もない地味な空間で、特に目を引くものではない。相撲ファンがもし館内を見上げたとしても、ここよりは天井近くにずらりと並ぶ巨大な優勝額のほうに目を奪われてしまうだろう。

　しかし、来賓が予定される日の貴賓席は、がらりと装いを変える。高い背もたれの、見るからに高級な椅子が、垂れ幕の前にしつらえられるからだ。目立たなかったこの場所から何やらオーラが放たれ、スペシャル感はいやますばかりとなる。

　今から十数年ほど前、平成十六、七年頃だろうか、私は天皇が観戦する「天覧相撲」に居合わせたことがある。確か初場所の中日だった。入場直後からいつになく厳しい警備体制と、貴賓席の華やかなたたずまいを見て、ただならぬ空気を感じていたところ、幕内の中入り頃に、天皇・皇后が着席した。周辺の座席を関係者やSPが占め、背後に緊張気味の協会理事長が控える。リラックスした表情のご夫妻とは対照的に、北の湖《きたうみ》理事長は、ただでさえ恐い顔がさらにこわばって、大きな魔よけの置物のようだった。

　国技館では、貴賓席のみならず他の客の表情もお互いによく見える。それは土俵を取り囲んで全方向に座席があり、照明が常に明るいからだろう。一階の枡席では、しばしば政治家やタレントなどが観戦しているので、今日も誰か来ていないかと探したりもできるし、見知らぬ客とうっかり目が合ったりもする。天覧相撲当日の私の席は、二階の真ん中あたり。土俵からは遥かに遠くオペラグラスが必要だが、一万人収容の客席を見渡すには好都合な位置だ。

さて、この日の観客を眺めてみると、当然というべきか、みなそろって落ち着きがない。どことなく嬉しそうにそわそわし、取組が一つ終わるごとにチラッと二階を見上げたりしている。その気持ちは、わからないでもない。自分たちと同じようにお二人も楽しんでいるかどうか確認したいのである。何といってもここは本場所午後五時台の巨大居酒屋、国技館。貴賓席と一般席の心理的距離はおのずと縮まり、思わず声をかけたくなる心境とでもいえようか。

しかし、終盤近くになり大関や横綱の出番が続くし、次第に観客のそぶりに変化が起きた。結びの一番が近づくにつれ、貴賓席へのチラ見をやめ、すり鉢状の館内中央にある直径五メートル足らずの土俵に視線を注ぐようになったのだ。勝負がつくたびに歓声と拍手の波が繰り返される。まるで近くにいる天皇の存在を誰もが忘れているかのようだった。

両国国技館の貴賓席

貴賓席の昭和天皇

ひさしくも　見ざりし相撲《すまひ》　ひとびとと　手をたたきつつ
見るがたのしさ

昭和天皇の戦後初の天覧相撲。1955年５月24日。
『朝日新聞報道写真傑作集』（朝日新聞社1956年）より

これは一九五五年（昭和三〇）、五四歳の昭和天皇が戦後初めて蔵前《くらまえ》国技館を訪れたときに詠んだ歌である。四三年ぶりに本場所を観戦できた喜びを表現したものだが、平成の天覧相撲に居合わせてみると、「ひとびとと　手をたたきつつ見る」ことの幸福感こそが、この歌の真意だとわかる。

天皇は常に国民から一方的に見つめられる立場にあるが、国技館では、「ひとびと」が目を向けるのは天皇ではなく、土俵の力士たちだ。ここでは天皇も「ひとびと」のなかに紛れ込み、大好きな相撲を共に見て拍手し、声をあげて楽しむことができる。当時、このようなかたちで国民と過ごせる機会は他になかっただろう。「小屋」としての国技館のほどよいサイズと、興行という大衆的な公演方式が、そうした格別な一体感とあたたかさを生み、昭和天皇にとって唯一無二の時間と場所を成立させたといえるのかもしれない。

こうして昭和天皇は、国技館の貴賓席に最も多く座る人となった。戦後だけで数えてみても、蔵前を訪れた一九五五年以降、一九八七年の夏場所まで、計四〇回にも及んでいる。昭和期のプロ野球やサッカーの天覧試合はそれぞれ一回ずつなので、いかに頻繁に通い詰めたかがわかるだろう。昭和天皇こそ、大相撲を「国技」の地位に押し上げた最大の功労者といえるかもしれない。

また一九七八年からは、皇后が同行せず天皇一人の観戦が定例となった。これはおそらく前年に皇后が腰を痛め、外出がままならなくなったからなのだろう。前年から宮内庁長官や総務課長らの「お供」が減ったこともあいまって、このころから天皇のプライベートタイムの色合いが濃くなった。

そうした観戦スタイルの変化と同時に、天覧相撲の頻度も増加した。一九五五年から七九年までは毎年一回だけだったが、七九歳を迎えた八〇年からは夏・秋の二回が慣例となり、さらに現在の両国国技館が完成した八五年からは初場所・夏・秋と、東京場所はすべて観るようになった。

回数の増加について、昭和天皇に侍従として仕えた卜部亮吾《うらべりょうご》は、「ご観戦は、始めのうらは一年に一度でしたが、ご晩年にはせっかくのお楽しみなのだからたくさん見ていただこうと、年に二回、そして三回と見ていただくようになりました」と述べている（『大相撲　財団法人日本相撲協会・特別編集』一九九六年）。

もしかしたら天皇は、同行者に気をつかわず至福の時間を過ごす「おひとりさま」の楽しさを知ってしまったのかもしれない。七八年の初めての「ひとり観戦」以降は、最後の弓取り式が終わるまで退席しなくなったという記録からも、そのようすがうかがえる。

では、貴賓席ではどのように過ごしていたのか。もちろん天皇はこのような場所で飲食はしないので、もっぱら机上の取組表に白黒の丸印をつけていたようだが、他にもいろいろと書き込んでいたらしい。一九六一年の夏場所では、横綱若乃花《わかのはな》が小結富士錦《ふじにしき》の寄りにあっさり土俵を割ったため、なにやら熱心にメモを取り続けた。観客が全員起立して待っているのに、退席を忘れたほどだったという。

一九六四年夏場所には、双眼鏡を初めて持参した。蔵前国技館でも貴賓席は二階最前列にあったので、土俵まではやはり遠かったのだろう。七一年、日本相撲協会は正面桟敷席に席を用意したが、警備上の理由から宮内庁が断ったという。確かに桟敷だと後方から座布団が飛んでくるおそれもあるから無理もない。決まり手をつぶさに観察できる至近距離での本場所観戦は、昭和天皇の果たせぬ夢となってしまった。

相撲と出会った裕仁少年

ところで昭和天皇は、生涯の友ともいえる相撲と、いつ出会ったのだろうか。

宮内庁編修の『昭和天皇実録』(二〇一五年。以下、『実録』)で最初に「相撲」に関する記述が登場するのは、一九〇六年(明治三九)六月二日である。当時五歳の裕仁《ひろひと》は、弟の雍仁《やすひと》らとともに、目黒の祐天寺と目黒不動に馬車で出かけた際、参詣に来ていた兵士の相撲を見たという。

さらに同年一二月一〇日、弟たちと避寒先の静岡県修善寺村に滞在中、村の高等小学校の運動会を見学している。このとき演目の最後におこなわれた相撲に、いたく興味を持ったようだ。「殊の外お気に入りの御様子にて、身じろぎもせず御覧になり、御帰還後は相撲のまねなどしてお遊びになる」ほどだった、と『実録』に記されている。「身じろぎもせず」という表現からうかがえる五歳の子の集中力は、後年、貴賓席から身を乗り出すようにして観戦した姿と、どこか重なるものがある。

このころから裕仁は、弟や「御相手」と呼ばれる同年代の遊び仲間と一緒に、新宿御苑などでしばしば相撲をとって遊ぶようになった。鬼ごっこや尻尾取りなどのゲームのひとつとしてではあるが、父親である嘉仁《よしひと》皇太子(のちの大正天皇)の前で披露することもあったようだ。

後年、一九八二年(昭和五七)九月の那須御用邸での記者懇談では、「私は初等科の時代に相撲をたびたび取った、その取ったことが相撲が好きになったことと思っています」「私はむしろ押しが専門で、専門と言っちゃなんだけれども。(笑い)」(『昭和天皇の履歴書』二〇〇八年)と回想している。

初めての大相撲観戦は、一九〇九年(明治四二)六月九日である。八歳の裕仁は雍仁親王とともに、豪雨のなか完成したばかりの両国の東京大相撲常設館(国技館)へ馬車で向かった。豪華な「玉座」(貴賓席)に着席し、横綱の土俵入りと幕内力士の取組を観た。

加藤隆世『明治時代の大相撲』(一九四二年)によると、裕仁は協会の説明役に「常陸山《ひたちやま》は何歳か、梅ヶ谷《うめがたに》の方が年は若いのか」と、横綱の年齢を尋ねたほか、黒瀬川《くろせがわ》と尼ヶ崎《あまがさき》の対戦では、「ツト御椅子を離れ、黒瀬の姿勢を擬せられ」たという。突っかけ気味で立った黒瀬川の立ち合いを、思わず椅子から立ち上がって再現してみせたのだろう。終始熱心に観戦し、終了後は末の弟、宣仁《のぶひと》親王へのおみやげにと番付表を余分にもらって帰路についたという。

この大相撲との出会いは、裕仁少年の心に特別な思い出として刻まれたようだ。翌年の一九一〇年六月六日にも、雍仁親王、宣仁親王と一緒に国技館に出かけているのだが、実はこれも「角力《ずもう》行ってみたいの」と、本人が侍従に再三おねだりしたことによって実現したのだった。

このころの『実録』には、「御学友」(級友)たちとさかんに相撲をとったり、皇后からもらった「ゼンマイ仕掛けの力士玩具」で遊んだりするなど、裕仁の熱中ぶりが随所に記録されている。また、力士のデータ分析にも余念がなかったようで、観戦前日に参殿した皇太子妃に対し、「力士絵葉書を御覧に入れ、御説明になる」という記述もある。「力士絵葉書」とは、当時流行したブロマイドのようなもので、それぞれ身長、体重や出身地が記載されており、何枚も集めればちょっとした「力士名鑑」となる。母親の前に絵葉書を並べ、得意気に解説をしている姿が目に浮かぶようだ。

「相撲のほうが面白い」

こうして準備万端整って臨んだ一九一〇年（明治四三）六月六日の観戦ぶりは、どのようなものだったのだろうか。カーキ色の海軍服に身を包んだ裕仁は、貴賓席に着席し、国技館建設の実行委員長、板垣退助《いたがきたいすけ》の説明に耳を傾けながら土俵を見つめた。側近の記録によると、そのときのようすは次のようなものだった。

……御卓上に当日の取組表を置かせたまい、やがて勝負ごとに、これに評点をご記入あそばされ、時に「立ち上がり」の悪しきものあれば、殿下には直ちに御批評あそばし、

「あんまり長すぎて後のよいのはなかなか」

など、仰せられつつ、御覧あらせらるるにもかかわらず、非常に御力を入れさせたまい、しばしば「最近角力便覧表」を取り出《い》だしたまい、東西力士の年齢、身長、体重、入幕期ことに力士等の独得の手を有するを御覧あらせられて、幕の内力士の取組の際には、順次これらを御予知あそばされて、格別御興深く御観察あそばされたり。

（『昭和天皇のご幼少時代』一九九〇年）

机上の取組表に星をつけながら、「（立ち合いが乱れて）時間がかかると、結局大した相撲にはならない」などと辛口コメントをしている。呼吸の合わない立ち合いについては、常日頃から「あれは、悪いのです。御用意のできないうちにして」と述べており、一家言あったようだ。また、持参した便覧で力士のデータを参照し、各人の得意手から勝敗の行方を予想していたことがわかる。

この「御観察」の正確さは、この日の大関国見山《くにみやま》と千年川《ちとせがわ》の対戦で証明された。「国見山、足に繃《ほう》

帯《たい》している。一生懸命ね」と、まずは大関の状態を気にする裕仁。国見山は上突っ張りを得意とする人気者だったが、当時は右足に故障を抱えていた。同年一月場所でも小結朝嵐《あさあらし》と対戦中に脱臼したので、それを知っていたのだろう。勝負がついた直後には、「国見山、はじめ「突き出し」で、あとで「咽喉輪《のどわ》」よ。そうしてまた突いたの」と、一瞬の技をすらすらと説明したという（『昭和天皇のご幼少時代』）。九歳にして見事な仕上がりの相撲マニアである。

ところで、国見山と対戦した千年川は、大胆な取り口で横綱や大関を破った実力派だが、奇行で知られる力士でもある。この日も、なぜかなかなか立ち合いが合わなかった。

その二年後、裕仁にとって明治期最後の観戦となる一九一二年五月の夏場所三日目でも、千年川は勝敗とは別の意味で、人々の記憶に残ることになってしまった。彼は横綱太刀山《たちやま》との一戦で「待った」を数十回も繰り返し、なんと延々一時間半を費やしたのである。しかも勝負は太刀山の二突きであっけなく決着、おかげで裕仁の帰還も大幅に遅れてしまった。

当時は仕切りの制限時間がなかったので、このような珍事も発生したのだろう。太刀山の猛烈な突っ張りを警戒しすぎたのか、それとも貴賓席を意識した奇妙なパフォーマンスだったのか。変人千年川の意図したところは不明だが、立ち合いにうるさい裕仁が、手元の表に思いきり辛い点をつけたことは想像に難くない。

このように、少年期の裕仁にとって、大相撲は最も親しい友だった。このころから昆虫採集や標本づくりなど、後年の生物学への学術的関心を思わせるような趣味も持ったが、それにも増して相撲を愛好した。

たとえば、こんなエピソードもある。一九一〇年七月、神奈川県の小田原御用邸に滞在中の裕仁は、酒匂川《さかわがわ》上流で初めて鮎《あゆ》漁を体験した。当時の記録によると、「御手ずから玉網を用いられ、数十尾を捕獲」し、「終日、ご機嫌うるわしく御清遊あらせられた」ようだ。帰還後も「今日はほんとうに面白かったね」と大きく手を広げ、「こんなに大へん面白かったよ」と感想を述べた（『昭和天皇のご幼少時代』）。

そこで側近が、一昨年の一二月に浜離宮でおこなった鴨《かも》猟と比べて聞くと、やはり「鴨猟より面白かった」と言う。それなら鮎漁と相撲では、と問うと少年は答えた。

「相撲のほうが面白い」

鮎より鴨より、もっと好き。これほどまで相撲に心をわしづかみにされていた裕仁だが、大正期を迎え皇孫から皇太子へと立場が変わると、この生涯の友と一定の距離を置かざるを得なくなる。これについては本章三節で述べることにしよう。

2 「国技館」の誕生

皇室と相撲

裕仁の熱中ぶりと対照的なのが、父親の嘉仁皇太子、のちの大正天皇である。相撲にほとんど関心がなかったようで、皇太子時代に一度だけ、つきあい程度に国技館を訪れたが、天皇在位中の天覧はおこなわなかった。

むしろ裕仁の相撲好きは、祖父である明治天皇の嗜好と重なるだろう。明治天皇は在位期間に天覧相撲を九回も開催しており、少なからず興味があったことがうかがえる。特に一八八四年（明治一七）の浜離宮で開かれた天覧は、横綱梅ヶ谷（初代）と平幕の大達《おおだて》が熱戦を繰り広げて世間の注目を集め、大相撲がいわば「皇室御用達」であることを、広く知らしめるきっかけとなった。

とはいえ、皇室と相撲は常に近しい関係だったわけではない。長い歴史のなかで、近づいたり離れたりと濃淡を重ねてきた。

もともと相撲は古代より伝わる格闘技で、七世紀にはすでに天皇が観覧した記録が残されている。八〜九世紀にかけて宮中の天覧行事「相撲節《すまいのせち》」として確立し、その後四〇〇年にわたり、まさに「御用達」ともいえる時代が続いた。相撲史研究の新田《にった》一郎《いちろう》氏によれば、時を経るにつれ、相撲節が持っていたであろう儀礼的な意味合いが薄れ、「技芸を肴に饗宴を繰り広げる」（『相撲——その歴史と技法』二〇一六年）宮廷内の催し物になっていったという。全国から集められた「相撲人《すまいびと》」（相撲を取る者）は、そのなかで観客の視線を意識しながら、型や技術を磨いていったのであろう。

しかし相撲節は次第に廃れ、一二世紀以降、ついに途絶する。宮中で技を披露していた相撲人たちは、京都周辺の寺社で奉納相撲をおこなうようになり、その形式や慣習は次第に芸能のひとつとして各地に広がっていった。

現在の大相撲の原型が形成されたのは、一七世紀以降の江戸期である。職業的な相撲集団が京都・大坂・江戸を中心に活動し、寺社・仏閣への寄付を募ることを目的とする「勧進相撲」が盛んになった。

ただ、時代が下るにつれ、勧進とは名ばかりの営利目的の興行相撲が主流となる。江戸後期の大相撲は、庶民の娯楽としては飛躍的に発展したが、ときに幕府から取り締まりを受けるようなアウトローたちが棲む世界でもあった。宮中との関係がますます希薄になっていったのも自然の成り行きといえるだろう。

一九世紀になると、徳川将軍らが観戦する「上覧相撲」が何度か開かれた。特に一一代将軍徳川家斉の時代には、江戸相撲の力士たちを城内に招き、計五回開催している。今度はこの「将軍御用達」という箔付けが、江戸相撲の集客力に結びついたことはいうまでもない。

日本近世史の土屋喜敬《よしたか》氏によれば、上覧相撲は相撲集団に「お墨付き」を与える一方で、彼らを統制する効果もあったという（『ものと人間の文化史　相撲』二〇一七年）。少し手綱を緩めれば、すぐにケンカなど騒動の火種となる彼らを、上覧相撲というご褒美で行儀良くさせようとしたのだろう。

明治期になり、各藩や幕府の後ろ盾を失った大相撲は、文明開化の波に乗り遅れた古くさい存在として疎まれた。危機感を抱いた東京相撲は、一八七六年（明治九）、力士たちを集めて「消防別手組」を結成し、東京市内の消火活動に従事したという。力仕事に汗を流して、新政府への忠誠心をアピールしようというわけだ。その付け焼き刃的なご奉公が功を奏したのか、一八七八年（明治一一）、警視庁は取締規則を発布し、相撲興行組織に営業鑑札を与えることにした。「死に体」同然だった大相撲は、何とか生きる道を得たのである。

こうして、近代以前の歴史を振り返ったうえで明治期をみると、裕仁の相撲好きは皇室の伝統というより、個人的な嗜好によるものだとわかる。そして日清・日露戦争を経た日本社会に横溢する国家主義的な風潮が、裕仁に相撲に親しむ環境を与えたともいえよう。時代の空気と裕仁の趣味、この二つが大相撲にとってまたとない追い風になるのである。

相撲ブームと常陸山

前節で述べたように、明治期に裕仁少年が国技館を訪れたのは、一九〇九年（明治四二）六月、翌一〇年六月、一二年五月の計三回、いずれも夏場所である。あらためて初観戦となった〇九年六月の番付表を眺めると、横綱は常陸山と梅ヶ谷、大関は駒ヶ嶽《こまがたけ》、国見山、太刀山。関脇に西ノ海《にしのうみ》と玉椿《たまつばき》。ほかにも幕内には碇潟《いかりがた》、大緑《おおみどり》、小常陸《こひたち》などの人気力士が並んでいる。

昔を知る相撲ファンなら、このラインナップにときめかずにはいられないだろう。明治三〇年代半ばから四〇年代前半、大相撲は黄金期を迎えていた。常陸山谷右衛門と梅ヶ谷藤太郎という希代の名力士が登場し、一〇年以上も第一線を守って「梅・常陸時代」を築いたばかりではなく、続いて太刀山、駒ヶ嶽などの黄金第二世代が登場した時期でもある。彼らは単に強いだけでなく、豪放さと堅実さ、突っ張りと左四つといったように、取り口のコントラストにも富んでいた。とりわけ「角聖《かくせい》」とも呼ばれた第一九代横綱常陸山の登場は、その後の大相撲の歴史に大きな影響を及ぼした。

梅ヶ谷

常陸山は本名市毛谷右衛門、一八七四年茨城県水戸市生まれ。一八九九年に入幕、幕内在位三二場所で、一五〇勝をあげた。一九〇三年に横綱昇進、同時期に横綱になった梅ヶ谷とともに大相撲人気を牽引した。

常陸山は豪快な極《き》め出しやつり出しを得意としたほか、相手が立てばいつでも受け、十分に取らせたあと攻勢に出るという、いわゆる「横綱相撲」で知られる。

しかし人々が魅了されたのは、力士としての力量だけではない。なんといっても彼は見た目が良かったのである。身長一七五センチ、体重一四六キロ、色白で鼻が高く、仲間からは「異人さん」とあだ名をつけられた。確かに当時の写真を見ると、現在の浅香山《あさかやま》親方（元大関魁皇《かいおう》）と体つきや面差しがよく似ていて華がある。

明治大学相撲部出身で、初代応援団長としても知られる東京日日新聞記者の相馬基《そうまもとい》によれば、一八九五年、日清戦争後に凱旋する将兵を新橋駅で出迎えた際、東京大角力協会（大日本相撲協会の前身）は、「有望力士のうち風采のいいのを選抜して旗持ちにした」のだが、その一人に選ばれたのが、まだ初土俵から三年しか経っていない常陸山だったという（『相撲五十年』一九五五年）。

ルックスの良さに加えて、旧・水戸藩士の父と高名な剣道家の叔父をもち、一九〇九年には相撲の専著を出版するなど、出自や教養の面でも申し分なかった。社交的で親分肌の常陸山は、政財界との豊富な人脈を持つとともに、後進の指導にも尽力し、力士の社会的地位向上を唱えた。こうしたサムライを彷彿とさせる風格が、彼の存在をさらに際立たせたことは間違いないだろう。

常陸山のイメージには、当時の日本社会全体が持つ心情も投影されている。彼が活躍した二〇世紀初頭は、日清戦争に勝利した日本が、一九〇二年の日英同盟締結によって軍事的な地歩を固め、〇五年に日露戦争で辛勝した時期と重なる。日本人が西欧コンプレックスのくびきからようやく少し自由になり、自信を取り戻しつつあった頃だ。

大相撲も同様である。これまで明治政府の進める近代化政策のもと、前近代の遺物として社会の片隅に追いやられてきた。西洋の新しい事物がもてはやされる一方で、「裸踊り」とか「国辱的催物」

とまで揶揄されて、生業を失う危機に立たされたのだ。しかし今、常陸山や梅ヶ谷の登場によってようやく再び光があたり、黄金期を迎えている。

日本人はもうこれ以上、自分を恥じる必要はない。人々のそうした意識が自身に重ねられていることを察したのだろうか。常陸山は一九〇七年八月、特注スーツを身にまとい、門弟三名と柔道家一名を帯同して欧米視察の旅に出た。いうまでもなく誰もが気軽に海外に行ける時代ではなかったし、ましてや力士の個人的な洋行はきわめて異例である。前出の相馬基によれば、「外遊によって相撲人の社会的地位を高めたい」というのが常陸山の意図だったという。

一行はアメリカではホワイトハウスを訪問してルーズヴェルト大統領に謁見、さらに各地の大学などを巡って相撲を披露した。その後イギリス、フランス、ドイツ、ロシアなどを巡り、七ヵ月後の翌年三月に帰国した。

常陸山

彼の帰京当日、新橋駅前に出迎えた人々は数千名に及んだ。常陸山は敦賀で合流した妻とともに駅頭に降り立ち、関係者と次々に西洋風の握手を交わして皆を驚かせたのち、楽隊を先頭に馬車三台を連ねて自宅に向かったという。

このように、大相撲黄金期のなかで形成された常陸山というアイコンは、二〇世紀初頭の日本人が取り戻したポジティブな心情を投影したものでもあった。そしてそれは、明治の欧化主義によって奪われた大相撲の失地回復を示していた。こうした時代の機運に乗じて、大相撲は大きな勝負に出ることとなる。

「玉座」を備えた常設館

常陸山が世界漫遊の旅に出ているころ、東京大角力協会は、ひとつの大プロジェクトを計画しつつあった。天候に左右されず安定的に興行を打つために必要な、巨大常設館の建設である。

それまで東京の大相撲は、春・夏の本場所を両国元町にある回向院《えこういん》の境内でおこなっていた。土俵の四方に桟敷席を設け、その周囲を筵《むしろ》で覆った簡易な会場で、数千人を収容できたものの、このころは押し寄せる観客の半分もおさまらなくなっていた。また、天井がないため雨天が続くと興行が打てず、一場所を晴天一〇日間でおこなうはずが一ヵ月もかかってしまうこともあった。

一方で相撲人気は高まるばかりで、富裕層のなかには、一〇日間の桟敷席を通しで買い占めるために高額な権利金を払う者も出てきた。協会が総工費三〇万円にものぼる巨費を投じて常設館建設に踏み切った背景には、こうした相撲ブームを背景に、今後も高収益が見込めるという判断があったのだろう。

建設にあたり、当初協会では政界の人脈を頼って政府の補助金を得ようとした。一九〇六年（明治三九）三月の衆議院第二二議会では、「大角力常設館国庫補助ニ関スル建議案」が提出され、立憲政友会の代議士奥野市次郎《おくのいちじろう》が「国民的遊戯」である相撲の国家的保護の必要性を説いている。

衆議院の議事録によると、委員会では演劇など数ある「遊戯」や「興行物」のなかで、なぜ相撲だけを特別扱いし、「国民的遊戯」と位置づけるのかという点について議論されている。確たる根拠も

1909年６月、開館式を迎えた初代国技館。『大相撲五十年史』より

ないまま、単なる「遊戯」のために日本国民の血税を使っていいのか、という反論も出た。結果的に衆議院では可決されたが、貴族院では審議未了となり、目的は達せられなかった。

　そこで協会は、自力での常設館設立をめざし、日本橋に拠点を持つ川崎銀行から融資を受けた。最終的に、回向院境内の小学校跡に坪数約一〇〇〇坪の土地を得て、東京帝国大学教授辰野《たつの》金吾《きんご》と建築家葛西《かさい》萬司《まんじ》が設計を担当、八角の張り出しとドーム型屋根をもつモダンなデザインの巨大施設建設に着手した。

　また、館内正面二階には「玉座」（貴賓席）が設けられた。これについては、当時の協会幹部、雷《いかずち》権太夫《ごんだゆう》取締と根岸《ねぎし》治右衛門《じえもん》が宮内省に出向いて許可を得たという。雷取締は、現役時代は梅ヶ谷のしこ名で活躍、常陸山と一時代を築いた二代目梅ヶ谷の養父にあたる。雷は一八八四年三月に浜離宮でおこなわれた天覧相撲に横綱として参加し、いたく感激した経験から、常設館の玉座設置を強く望んだといわれている。その結果、天井部に金色に輝く王冠の装飾を施した豪華な玉座の設置が実現

国技館の正面２階に設けられた貴賓席

した。

一九〇九年五月、当時「東洋一の大殿堂」と呼ばれた大角力常設館が落成し、六月二日に開館式が挙行された。開館式に先立って、協会は常設館の正式名称を「国技館」と定めた。八歳の裕仁がここで初観戦をするのは、その一週間後である。

一方、裕仁の父、嘉仁皇太子は、翌一九一〇年一月の春場所開催時に初めて来館した。

皇太子訪問を前に、協会関係者は準備に大わらわだった。玉座後方には金屏風が置かれ、力士の歩く花道には菊や桜の造花をあしらうなどの装飾をほどこしたほか、常陸山、梅ヶ谷の両横綱は「三段構え」（相撲の基本的な構えを見せる儀式）のリハーサルを繰り返した。当日の観客は協会の招待を受けた人々で、全員がフロックコートにシルクハットの正装で臨んだ。

しかし協会関係者の緊張ぶりとは裏腹に、嘉仁の滞在時間は正味一時間半弱のあっさりしたものだった。健康上の問題もあったのだろうが、もともと嘉仁は相撲に関心が薄かったらしく、観戦のようすからもそれがうかがえる。

この日、協会側は通常の取組のほか、いくつか特別な演目も用意したのだが、そのなかで三一歳の嘉仁皇太子が一番興味を示したのは、「初《しょ》っ切《き》り」だったという。初っ切りは「禁じ手」の紹介を兼ねた、いわば土俵上の相撲コントで、後に述べるように、当時これを「相撲の堕落」と嘆く相撲人も

昭和初年の両国国技館。創建当初とは、意匠に変化がみられる

いた出し物である。

また、入念な練習の末に披露された「三段構え」に対しては、横綱の体重はどのくらいかと、説明役の板垣退助に質問するにとどまった。加えて、予定されていた横綱や協会幹部の拝謁も、当日早朝におこなった「鴨猟」の疲れが出たという理由でキャンセルになった。裕仁少年が毎回数時間にわたって取組に熱中したのとは対照的な台覧相撲だったようだ。

その後国技館は、失火や関東大震災、東京大空襲で三度の焼失と再建を繰り返し、敗戦時の一九四五年にGHQに接収されるまで三六年間、本場所の会場として使用されたが、玉座に嘉仁皇太子がすわったのは一回、裕仁が三回のみで、大正・昭和期に天皇が訪れる機会はなかった。

しかし、この初代国技館に玉座が設置されたことは、大相撲にとって大きな意味を持つ。玉座の通称が「貴賓席」となり、滅多に使用されなくなってもなお、その特別な空間自体が皇族と大相撲との親密な関係を「気配」として観客に知らしめた。「大相撲は他の「遊技」や「興行物」とは格が違う」と思わせるような演出空間としての貴賓席は、戦後建設された蔵前国技館や現在の両国国技館にも引き継がれていくのである。

「国技」と名づけた人たち

ところで、常設館はなぜ「国技館」と名づけられたのだろうか。このネーミングにも、当時の人々の大相撲をめぐる期待や思惑がみえてくる。

江見水蔭

この豪華な相撲場にふさわしい名称とは何か。開館直前まで命名会議での議論はまとまらず、関係者は頭を悩ませた。板垣退助が「角觝尚武館《すもうしょうぶかん》」と提案したが却下され、結局、協会幹部に一任されることになった。

皆で考えあぐねているうちに、「年寄」の一人、尾車《おぐるま》文五郎が、建設落成式典のために作家の江見《えみ》水蔭《すいいん》が起草した「初興行披露文」のなかから、「そもそも角力は日本の国技、歴代の朝廷之を奨励せられ、相撲節会の盛事は尚武の気を養い来たり」というくだりを見つけた。尾車はここから「国技」の二文字を拾って「国技館」を提案し、常陸山の賛成を得て決定したといわれている(『明治時代の大相撲』)。

期せずして国技館の命名者となった江見水蔭は岡山県出身。小説執筆のほか、硯友社《けんゆうしゃ》や博文館《はくぶんかん》などの出版社で雑誌編集にも携わった文化人である。好角家として知られていた彼は、自ら「文士相撲」「紳士相撲」と銘打って、文筆家たちの体位向上と士気養成を兼ねた趣味サークルまで結成した。品川にある彼の自宅、通称「江見部屋」には、「水蔭関」を慕って大町桂月《おおまちけいげつ》や長谷川《はせがわ》天渓《てんけい》などの著名人が足繁く通ったという。サークルといっても稽古は本格的で、常陸山がコーチとして参加することもあったようだ。

さて、この「初興行披露文」のなかで江見は、古代からの故実を根拠に、皇室と縁の深い相撲の正統性を述べ、それを「国技」と称している。

しかし、これは読み手にやや唐突な印象を与える。「国技」という語は江戸期から存在したが必ずしも一般的ではなく、ましてや当時の日本社会に相撲が「国技」、すなわち日本固有の伝統的かつ代表的な技芸であるという共通認識があったわけでもないからだ。板垣退助は、国技館という名称に不満だったようで、後日「云いにくい、むずかしい名」と評したというが（東京朝日新聞一九〇九年六月四日）、そこからも「国技」の語感が七二歳の板垣翁にはなじみの薄いものだったことがわかる。

それでは江見はいったいなぜ相撲を「国技」と称したのだろうか。そのヒントとなるのが、国技館開館から八年前の一九〇一年（明治三四）、作家三木愛花《みきあいか》が刊行した『相撲史伝』に、好角家で知られる黒岩涙香《くろいわるいこう》が寄せた序文である。千字余りの文章の冒頭で、「角力は日本の国技」と述べている。

汎《ひろ》く之を云えば角力は日本の国技にして実は全世界の技芸なり、全世界の技芸たるに止まらず全人類。全生物に通じたる技芸なり。

続けて黒岩は、相撲は全生物の生存競争に不可欠な普遍的なものであるが、その錬磨の研究と発達において先駆けたのが日本であり、「公衆をして観て楽しましむるの組織にまで進みたる」点が世界に類をみない。だからこそ「我が国の国技」である、と根拠を書いている。つまり、一般庶民が楽しく見るに値するような洗練された技を持つようになったからこそ、相撲は日本の「国技」なのだ、といいたいのだろう。

「ナショナル・ゲーム」即ち「国戯」なるもの

興味深いことに黒岩の序文には、後年この手の文章にお題目のように登場する相撲節会などの故実への言及がない。あくまで「全世界」の視点から相撲を俯瞰したうえで、競技として磨かれ、興行として発展した大相撲に重点を置いている。

黒岩がこうした文脈で「国技」を用いるとき、彼がそのことばの概念を「national game」に近いものとしてとらえていると考えても不自然ではあるまい。西欧の国民国家における「national game」とは、自由で平等な立場にある「市民」が、互いに親しく楽しめる代表的な遊技もしくは競技のことである。

相撲を最初に「国技」と称したのは黒岩といわれているが、訳語としての「国技」自体は明治初期にすでにみられる。スポーツ史研究の高津勝氏によれば、一八八五年（明治一八）に出版された『戸外遊戯法』において、体操伝習所の主幹である西村貞が「欧米ノ諸国ニハ皆各「ナショナル、ゲーム」即国戯ナルモノ有リ」（傍点引用者）と記しているという。さらにベースボールを初めて「野球」と訳したことで知られる明治期の教育者中馬庚《ちゅうまかのえ》は、一八九七年に出版した著書『野球』の「序言」で、「野球は北米の国技」（傍点引用者）と書いている。

「国戯」から「国技」に語句は変化したものの、そこには西欧市民社会がもつ「国民による国民のための遊技や競技」という価値観が受け継がれている。明治期後半の文化人のひとりで、英語を解する黒岩涙香の念頭に、中馬らが用いた訳語としての「国技」の概念がまったくなかったとは考えにくい。また、戦時期に活動した相撲評論家彦山光三が『相撲道綜鑑』（一九四〇年）のなかで述べているとおり、黒岩と同時代の文化人である江見が、この序文に示唆を得て披露文に「国技」の一語を記した可能性も高い。

そう考えると、武士道精神の一端を表す「尚武」にくらべ、西欧近代の価値観を含意した「国技」のほうが、当時の日本人にとって新奇性に富んだ語感をもつことがわかる。相撲が国技かどうかは別としても、「国技館」という名称は人々に広がりのある未来を感じさせるに十分なものだった。尾車たち協会幹部がどこまで自覚していたか不明だが、その後、浅草、京都、名古屋など各地に「国技館」が相次いで建設されたことからも、このネーミングは成功だったといえるだろう。

国技館の観客

気の利いた名称と「天皇の席」をもつ国技館の誕生は、東京の相撲界を刷新する絶好の機会となった。主催者の東京角力協会は、まず行司の装束を裃から直垂《ひたたれ》、烏帽子に改め、場所入りする関取には羽織袴の着用を厳守させた。主役たちのコスチュームを整えて、外見の正しさと華やかさを演出したのである。

さらにいくつかのルールを変更し、東西対抗制度を導入して優勝旗を授与するなどの整備をはかった。団体優勝をめぐって東西が争う形式ならば、勝負にこだわる力士が本気を出すのでは、と考えたのだろう。

そしてなんといっても、一万数千人を収容する国技館の屋内コロシアム風の構造が、相撲観戦の熱狂を増幅させた。前出の相馬基は、その光景を次のように書いている。それはまるで、現在の両国国技館の本場所を活写したかのようだ。

中心の土俵から放射状に円形の建物のすみずみにまで観覧席がひろがっている。観衆の眼は、同心円のように再び中心の土俵に集まって、その間に少しも夾雑するものがない。勝負のおわりのどよめきは、大鉄傘をゆるがし、場内に渦まいて、ふたたび観衆に反応して興奮を高めるのである。

（『相撲五十年』）

エンタテインメントとしても競技としても、一皮むけた感のあるこの時期、見る側にもかつてない変化があらわれた。国技館が開館した明治末期から大正初期にかけて、客層が一気に多様化したのである。大正末期、中央新聞記者の江口福来《えぐちふくらい》は、雑誌『野球界』（一二巻七号、一九二二年）に「相撲見物の変遷」という記事を書いている。

国技館が出来て、見物はすっかり変わった。相撲場は芝居と同じように着飾ってゆく所となった。桟敷は何処も彼処も流行の着物を着た女達に彩られ、（中略）芸妓に対抗するように女優達も来るようになり、松井須磨子だとか初瀬浪子だとかは、割合に多く見えた。

江口によれば、小屋掛け興行の時代には、「天幕が風に煽られ、場内一面に塵埃が舞い、着物でも、頭髪でも、ごみだらけ」になってしまうため女性客に不人気だったという。よそ行きを着て出かける以上、女優でなくてもそんなところには行きたくもないが、国技館なら安心だ。ここでいう「流行の着物を着た女達」とは、主に柳橋や新橋、芳町や日本橋などを中心とした玄人筋を指している。だが

1914年5月場所で引退した常陸山の引退相撲は、国技館で4日間にわたって行われた。右が梅ヶ谷、左が太刀山

江口によると、夫や父親に連れられて来る一般の女性客も次第に増えていったそうだ。

さらに、大半を占める男性客にも変化があらわれた。明治三〇年代以降のブームによって、華族、実業家、学者、ジャーナリストなどの相撲ファン、いわゆる「上流好角家」が増加したのである。国技館の名付け親の江見水蔭もその一人だ。

彼らのなかには後援会を結成し、タニマチに似た援助をおこなう者もいた。さきほど登場した黒岩涙香や三木愛花も一九〇〇年（明治三三）に結成された「萬歳会」という後援会の主要メンバーだった。ほかにも「日下会」「同感会」などがあり、会員たちは全勝力士に化粧廻しを贈ったり、病気や加齢などで生活が立ちゆかなくなった力士の世話をしたりと物心両面で相撲界を支えた。

明治から昭和期に活躍した著述家で俳優の栗島狭《くりしまさ》

衣《ごろも》によれば、「上流好角家」たちは本場所の桟敷に日参し、魚屋や汁粉屋などの「稼人級」や芸妓たちに交じって観戦することを好んだという。

小屋掛けから国技館に移ってからは、客のマナーも良くなったようだが、それでもカオス状態は続いていた。酔っ払いが「片手に正宗の瓶詰を携え、ラッパ飲みに長鯨の酔気を吐きつつ」花道から声援を送ったり、赤羽織を着て土俵の上に飛び出したりといったような光景が、大正期に入ってもみられたようだ（栗島狭衣『相撲百話』一九四〇年）。こうした庶民の自由な相撲の楽しみ方を、彼らは桟敷で共有したのだろう。

少し時代が下るが、一九二八年（昭和三）一月一九日の東京日日新聞に、「心をそそる相撲場気分」と題するインタビュー記事が掲載されている。取材に答えているのは弁護士辰野保《たつのたもつ》の夫人である。辰野保は国技館を設計した建築家辰野金吾の子息で、親子ともども「上流好角家」だったため、夫人もしばしば同行したようだ。観戦の魅力について、彼女はこう述べている。

相撲のファンは、社会の上層からドン底までを網羅しているので、民衆的の娯楽という感が一層深いように思われます。だから私は、芸者の金切り声や、無邪気な労働階級の人々が、殆ど狂態に近い体たらくで怒鳴るのを見ても一向にうるさいとは思いません。これが本当に民衆の挙げる歓声だと思いますから……

なかなかに上から目線なコメントだが、「野卑を楽しむのが粋なのよ」という意識が正直に表現されていて興味深い。好きな力士のタイプを聞かれて、「勇敢に、男らしいとり口を見せる人」とも答えている。彼女は彼女なりに、昭和初期の国技館を満喫していたのかもしれない。

3　台覧相撲と大日本相撲協会

杉浦重剛が語る「相撲道」

一九一二年（明治四五）七月三〇日、明治天皇が崩御した。裕仁の三度目の国技館観戦から二ヵ月余りのちのことである。大正時代の幕開けとともに、少年は一一歳で皇太子となった。

同年九月、裕仁は陸海両軍の少尉に任官した。これは「皇族身位令」（明治四三年皇室令第二号）第十七条「皇太子皇太孫ハ満十年ニ達シタル後陸軍及海軍ノ武官ニ任ス」に従ったものである。皇太子として、軍人として、裕仁は重い責務を担う身となった。

生活も一変し、翌一三年（大正二）三月には、弟たちと生活した青山御所を離れて、高輪の東宮御所へ居を移した。翌一四年四月には皇太后が崩御、七月にはヨーロッパで第一次世界大戦が勃発するなど、この数年間は裕仁にとって、立場の変化と時勢の変化が同時に訪れるあわただしい時期でもあった。

学習院初等科を卒業した一三歳の皇太子は、学習院中等科には通わず、一四年五月から東宮御所に設けられた「御学問所」で五人の学友と机を並べて学ぶこととなった。御学問所には多方面の有識者が教授陣として名を連ね、帝王学を進講した。

さて、このころ御学問所で、裕仁に熱く相撲を語った人物がいる。「倫理」を担当した日本中学校

杉浦重剛

校長、杉浦重剛《すぎうらじゅうごう》だ。

杉浦は一八五五年（安政二）、近江の膳所《ぜぜ》藩生まれ。藩の代表に選ばれ大学南校（東京大学の前身）に入学、化学を専攻してイギリスに留学後、東大予備門長を経て日本中学校長となった。三宅雪嶺《みやけせつれい》や志賀重昂《しがしげたか》らと雑誌『日本人』や新聞『日本』を創刊したほか、私塾で多くの門弟を輩出したことでも知られる。教育者、思想家として裕仁に大きな影響を与えた一人といえよう。

帝王学の要ともいえるこの「倫理」の授業で、杉浦はまず教材として「序説一二篇」を用意した。「三種の神器」「日章旗」「国」「兵」「神社」「米」「刀」「時計」「富士山」など一二の項目を立て、人として、君主としてのあるべき道を簡明に説いている。「相撲」が登場するのはこの中の一一篇目である。第一学年の早い時期に、独立した項目として「相撲」を登場させたのは、裕仁への配慮によるものなのだろうか。

その講義録をまとめた『倫理御進講草案』（一九三八年）をみてみよう。杉浦は「相撲」の冒頭で、「我が国の遊技にして、外国に類例無きものは、相撲を以て最も著るしと為す。故に世人之を日本の国技と称す」と述べている。他国にはない日本固有の遊技の最たるものは相撲であり、世間ではこれを「国技」と呼んでいる、ということだ。

続けて『日本書紀』に登場する野見宿禰《のみのすくね》を「相撲道の祖」として挙げたうえで、長い伝統と正統性に裏打ちされた相撲が、武家政権期に武士道とともに発展した経緯を説いている。

興味深いのは、鎌倉時代に源頼朝に命じられた畠山重忠《はたけやましげただ》が、「長居」と名乗る怪力の力士と勝負したという逸話を『古今著聞集』から紹介するくだりだ。「長居は先ず重忠の小頸を丁と打ら、寄りて組まんとするを、重忠、敵の肩口を抑えて寄らしめず」と、両者の対戦をリアルに再現している。六人の少年たちは眠気も吹き飛んで話に聞き入ったのではないだろうか。

また、江戸時代の相撲興行に関する説明では、日本人は欧米人と比べて体格が劣っているというが鍛錬すればこんなに立派になる、といって巨体力士八人を例に挙げ、それぞれの身長や体重を並べて示している。これもまた、データ収集家の皇太子の興味を惹くために杉浦が工夫した点なのかもしれない。

そして講義の最後に杉浦が説くのは、「相撲道」の精神である。相撲道においては、卑劣な手段で勝負に勝つことを恥とするので、正々堂々と戦わなければ観客も納得しない。横綱ともなればなおさらで、常に「慎重なる用意」と「公明正大なる心事」を兼ね備えるべきだ、と語る杉浦先生、ついにこう言い切った。

　我が大和民族の精神は、相撲道に於てもまた発揮せられたりというべし。

皇太子の御学問所で「倫理」を教える教師が、「相撲は国技」「相撲道は大和民族の精神の発露」と明言したのである。これは裕仁と相撲の今後の関係を決定づけるものといえよう。

なぜなら「皇太子が相撲を愛好する大義」が、なんぴとといえども否定できない形で、ここに示されたからである。裕仁は決して単なる「立ち合いにうるさい相撲マニア」ではない。相撲が大和民族の精神を備えた「国技」であるからこそ、次代の天皇という立場に立つ者として必然的に愛好しているのだ、ということになる。
杉浦の死後、『倫理御進講草案』は一般読者向けに出版されて人気を博したため、この相撲と裕仁皇太子の関係は昭和初期にはすでに多くの国民の知るところとなった。杉浦の相撲観が日本社会に与えた影響は少なくないだろう。

遠ざかる国技館

ところで杉浦重剛は、さきほどの講義の最後を次のように締めくくっている。

今日広く世に行わるる遊技に於ては、多くは唯勝負を争うに急にして、其の心事の如何を顧みざるの弊風漸く著るしからんとす。（中略）我が古来の相撲道の如く、飽くまで公明正大の心を以てせば、始めて大いに大和民族の体力と併せて、精神をも錬磨するの助けとなるべきなり。
（『倫理御進講草案』）

世間一般の遊技には、その精神を忘れて勝ち負けばかりにこだわる風潮がある、と彼は批判している。文脈上、ここでの「遊技」とは「公明正大」な相撲道以外のものを指してはいるが、実際は「心事」を顧みない大相撲の現状批判とも受け取れる。そう考えると、本場所に行きたくてうずうずしている皇太子に、先生がやんわり釘を刺したととらえることも可能だろう。
つまり杉浦は結果的に、皇太子と大相撲の両方に大きな宿題を課すことになったともいえる。裕仁には大義に基づいた「皇太子としての観戦」を、大相撲には大和民族の精神が宿った「相撲道」の披露を求めたからである。

皇太子として、軍人として、裕仁は土俵上で繰り広げられる公明正大な力士の国技を実見し、大和民族の体力と精神の錬磨を確認しなくてはならない。そうなると土俵を見る者、土俵に立つ者双方にふさわしい場所が必要である。少なくともそれが、茶碗や酒瓶が飛び交うカオス状態の国技館ではないことは、誰が見ても明らかだった。

それではいったい、どこでどのような相撲を見れば裕仁は宿題をクリアできるのか。杉浦の講義の翌年に、その実例ともいうべき催しがおこなわれたので、ここで紹介しよう。

一九一五年（大正四）四月二九日午後、この日一四歳の誕生日を迎えた裕仁皇太子は、三年ぶりに大相撲を観戦した。場所は高輪の東宮御所、つまり自宅である。

国技館以外の場所での皇族の観戦自体はこれが初めてではなく、軍施設や華族の私邸で催された例もある。しかし、東京大角力協会が宮中に呼ばれたのは一八八四年（明治一七）三月に芝離宮でおこなわれた天覧相撲以来のことで、実に三一年ぶりであった。

四月二九日と三〇日の東京朝日新聞によると、協会関係者は本番二日前の二七日に御所を訪れ、準備を始めている。正門を入って左手の芝生の上に土俵を作り、花道には故実に則って青竹の柵を立て、菊の造花を挟み込んだ。土俵から五〇メートル余り離れた場所に力士の支度部屋も設置、風呂は皇宮警手用のものを利用することにした。

当日午後、御所に到着した梅ヶ谷、鳳《おおとり》の両横綱をはじめとする力士たちは、事前に支度部屋で協会幹部から作法などの諸注意を受けた。一同は「へエ判りました判りました」と安請け合いしたのち、「ゾロゾロ相撲の場所を拝見に出掛け」た。広々とした芝生が広がる会場には、すでに一間（約一・八メートル）おきに警手が立ち、緊迫した空気がみなぎっている。記事には、おっかなびっくり下見をする彼らのようすがこんなふうに書かれている。

流石、物に動ぜぬ力士達も、思わず荘厳に打たれて抜き足さし足で相撲場の鯨幕を持ち上げると、正面の御座所の天幕内に据えてある赤地錦の御卓子掛けがパッと日光に反射して、一同の首を縮ませた。

（東京朝日新聞一九一五年四月三〇日）

土俵の目と鼻の先にある皇太子用の机と椅子。その赤いテーブルクロスが神々しく光り輝くさまに目がくらむ男たち。大きな体を小さくして、借りてきた猫のようになっている。

午後一時、軍楽隊の音楽とともに政府や軍部の要人も入場、裕仁皇太子のほか、弟の雍仁親王、宣仁親王も着席し、台覧相撲が始まった。土俵祭りと幕内力士の土俵入り、通常の取組と進んだが、後半には初っ切りなどの余興も組み込まれた特別プログラムである。

演目のなかで、皇太子は特に「飛びつき五人抜き」（次々に仕切りなしで対戦する五人勝ち抜き戦）に熱くなったようで、「御身体を揺るがせ給うて尊覧あらせ給うた」という。興奮して思わず前に乗り出したのかもしれない。

スポーツ社会学の坂上康博《さかうえやすひろ》氏は、著書『昭和天皇とスポーツ』（二〇一六年）で、この誕生日記念の台覧相撲が、「杉浦が示した相撲と天皇の関係、すなわち古来より相撲を奨励してきた天皇の姿を再現するもの」である点が重要だと述べている。そしてそれは、「相撲好きの裕仁を喜ばせた大相撲観戦が、杉浦が講じた帝王学によって、より大きな視野から価値づけられた」ことにもなるという。

確かにその通りなのだが、このときから裕仁と相撲の公的な関係性が一変してしまったことも事実である。これ以降、皇太子として見なくてはならないのは、もはや本場所のそれではなく、帝王学が意味を付与した「国技としての相撲」に限られていく。国技館の貴賓席は、裕仁にとってますます遠い場所となってしまった。

優勝カップと大日本相撲協会の設立

こうして一九一五年（大正四）を境に、裕仁は誕生日や陸軍記念日（三月一〇日）、海軍記念日（五月二七日）に、東宮御所や軍の施設で相撲を見るようになった。この慣例は天皇即位後の昭和期にも踏襲された。日本相撲協会の記録によれば、大正期の台覧相撲は九回、昭和期（戦前）は一一回の天覧相撲を実施している。

一〇年後の一九二五年四月、摂政となって四年目の裕仁は二四歳の誕生日を迎えた。赤坂の東宮御所で恒例の台覧相撲が開催されたこの日、東京大角力協会は宮内省から大きなご褒美をもらった。協会の長年の「相撲奉仕」に対して、下賜金（一〇〇〇円）が与えられたのである。

大喜びの協会は、この下賜金を元手に「摂政宮賜杯」の作製を決め、高さ約一メートル、重さ約二三キロ、表面に菊の紋章を施した純銀製カップを完成させた。これ以降、力士たちは、本場所優勝者に渡されるこの賜杯をかけて技を競うようになる。

ところがほどなくして、特大カップにしっかり刻印されていた「菊の紋章」に物言いがついた。太政官布告の「御紋章取締規則」により、皇族以外の者が紋章を使用するのは禁じられていたためだ。

小さな代用品の摂政宮賜杯を手にした常ノ花

関係各所から叱られた協会は作り直しを余儀なくされ、おかげで翌年の一月場所で優勝した横綱常ノ花が胸に抱いたのは、高さ四五センチほどの小さな代用品だった。正式なカップは一九二八年（昭和三）に使用が認められ、天皇賜杯として現在に至っている。

ともあれ、この下賜金による摂政宮賜杯作製は、協会にとってまさに地獄で仏ともいうべき天佑だった。というのも、大正期の東京の大相撲は危機的状況を迎えており、そこにこの銀カップが一筋の光明をもたらしたからである。

明治末期まで黄金時代を謳歌していた相撲界だが、実は裕仁が三回目に本場所観戦をした一九一二年（明治四五）五月場所には、すでにその人気に翳りがみえ始めていた。常陸山が全休、梅ヶ谷は途中休場と両横綱が不在の上、大関駒ヶ嶽もふるわない。残る横綱太刀山が一人勝ちを続けても、盛り上がりに欠けるばかりである。二年後の一九一四年（大正三）四月に、駒ヶ嶽が巡業先の茨城県で急死し、その二ヵ月後に常陸山が引退すると、相撲ファンの誰もが一時代の終焉を感じ取った。

当時、協会の内外からは、力士の品位向上や待遇改善、健康や衛生の管理強化、八百長廃絶、経営陣の刷新などの一連の組織改革を求める声があがっていた。それに対して協会が場当たり的な対応を繰り返すだけだったことも、人気凋落の一因であろう。

また、大正期の自由主義的な空気は、日本社会に合理的な競技ルールをもつ欧米の「スポーツ」を浸透させた。野球やラグビーなどの近代的なゲームが人々を魅了したのである。かたや大相撲では、本場所の勝負の決まり手が、土俵下の勝負審判と新聞各紙の相撲記者とのあいだでたびたび食い違うなどの「非近代的」な側面が問題になっていた。雑誌『野球界』の記事によると、困った協会幹部が、各新聞社の編集局長や社会部長を懐柔するため、ブローカーを通じて自宅に金一封を届けるなどという禁じ手も使ったという。

一九一七年一一月には、さらなる災難もふりかかっている。失火により、国技館が全焼してしまったのだ。第一次世界大戦後の戦後不況のなか、三年後に何とか再建にこぎつけたものの、一九二三年の関東大震災によって再び被害を受け、一部を焼失した。

こうして、人々にも時代にも置き去りにされかけた大相撲を救ったのが、摂政宮賜杯だった。一九二五年、まず東京大角力協会は、「この光栄は東京大角力協会のみならず、国技たる相撲道の光栄である」として、大阪相撲を統括する大阪大角力協会に東西合併案を提示した。かねてより東京・大阪両協会の合併は業界全体の振興策の一案としてあったので、それを「優勝カップの威光を共に分かち合う」という名目でまとめようとしたわけだ。

結局、大阪がこれを受けて同年七月「日本大相撲連盟」が成立、さらに同年一二月、「財団法人大日本相撲協会」の設立が文部省から認可された。設立申請書には、「日本固有ノ国技タル相撲道ノ維持興隆」を目的として挙げている。

国家の保護を望む協会が、「国技の普及や教化を担う」という大義名分を掲げて財団法人化をめざしたことは明らかだった。この動きの背景には、陸軍や皇族と関係の深い政治家や国家主義者による

芝の海軍施設、水交社で行われた戦前最後の天覧相撲では、新横綱双葉山の初の土俵入りが披露された。1937年5月27日

政府への働きかけがあったといわれている。

最後の観戦

国家の後ろ盾をもつ最強の興行団体として再出発した大相撲。しかし既述のように、協会内部には組織改革やルールの近代化などの課題に真っ向から取り組もうとする動きはほとんどなく、相変わらず小手先の対応に終始していた。つまり、杉浦重剛が理念として述べた「公明正大の心」にも頓着しない、いつも通りの大相撲のまま、「国技」の看板を背負うことになったのである。そんな彼らが一九三〇～四〇年代の戦時期にいったいどうふるまったかという点については、本書の後半であらためて眺めてみたい。

さて、本章の最後に、裕仁皇太子と相撲のその後についてみてみよう。

戦前の最後の天覧相撲は、一九三七年（昭和一二）五月二七日に芝の海軍施設、水交社でおこなわれた。昭和天皇三六歳のときである。この一ヵ月半ほどのちに日中戦争が勃発、日本社会は本格的な戦時体制に組み込まれていく。これ以降、本章冒頭で紹介した一九五五年まで、天覧相撲は一度もおこなわれなかった。

一九四五年の敗戦後も、八年半にわたる全国の「巡幸」を終えるまで、天皇は国技館に足を運ばなかった。蔵前での四三年ぶりの本場所観戦について、時津風《ときつかぜ》元理事長（元大関豊山《ゆたかやま》）は、「あの日に、『戦後』が終わったんだと思う」（朝日新聞二〇一八年二月二五日）と述べている。

その後の昭和天皇は、本章一節で述べたとおり、心おきなく国技館に通うようになった。一九八五年には現在の両国国技館が完成、こけら落としの初場所では初日の天覧相撲が実現し、協会関係者を喜ばせた。この年と翌八六年は、年三回の東京場所に毎回訪れ、お気に入りだった横綱千代《ち》の富《よ》士《ふじ》の活躍ぶりを堪能していた。

1985年1月、落成したばかりの両国国技館

国技館での最後の観戦は、一九八七年五月一六日、夏場所七日目である。戦後四〇回目の天覧相撲となるこの日、土俵上では北勝海と大乃国の両大関が全勝を守るなど盛り上がりをみせたが、貴賓席にすわる天皇はだいぶやつれてみえた。実は半月ほど前の四月二九日、八六歳の誕生日の祝宴で体調を崩していたのだ。その後も不調が続き、同年九月に手術、「慢性膵炎」と発表された。

一九八七年の秋場所と八八年の初場所や夏場所は断念したものの、奇跡的に体調は回復し、九月には一年半ぶりの観戦が予定されていた。しかし予定日一八日の朝から発熱があり、急遽とりやめとなった。

一日中寝室で過ごした天皇は、テレビで大相撲中継を見ていたが、翌一九日に容体が悪化、数日間絶対安静の状態になった。ところが少し持ち直すと、また「テレビを見たい」と言い出す。その日は九月二五日、秋場所千秋楽だったからだ。

侍従として仕えた卜部亮吾によると、侍医と相談して「お体にさわるので、途中からなら」と答えたところ、「それなら見ない」と不機嫌になったという。「そんなふうに我を通されることなど全くないお方でしたので、私たちも驚いてしまいました」と卜部は語っている（『大相撲――財団法人日本相撲協会・特別編集』一九九六年）。

結局侍医も折れ、中入りからすべて見ることになった。結びの一番で千代の富士に勝ち名乗りがあがると、「全勝だね」と、ぽつりとつぶやいたという。

そしてこれが昭和天皇の生涯の友、大相撲との最後の別れとなった。翌一九八九年（昭和六四）一月七日、昭和天皇は八七歳の生涯を終えたのである。

第二章

親分、力士百人を招く

男女ノ川の土俵入り。
国技館の窓から、後光のように光が差す

台湾興行と任侠集団

1　アジアに飛び出す相撲巡業

二〇〇六年の台湾場所

「本場の大相撲が台北に」「力士軍団、ついに上陸！」

二〇〇六年（平成一八）八月一八日、台湾の新聞に大きな見出しが躍った。同月一九、二〇日の二日間、戦前から数えると六七年ぶりに「大相撲台湾場所」が開催されるというので、地元メディアは大いに盛り上がっていた。横綱朝青龍、大関琴欧州《ことおうしゅう》、魁皇、白鵬、栃東《とちあずま》など四二人の力士を含む総勢一三〇名近くの協会関係者が空港に到着、大勢の報道陣に囲まれた。

もちろんこれは「場所」と銘打っているが本場所ではなく、いわゆる「海外巡業」である。巡業とは現地の勧進元（興行主）が主催するもので、先方から招待されて日本相撲協会が主催する「海外公演」とは形式を異にする。台湾場所は一九九三年のアメリカ以来一三年ぶりの海外巡業だった。勧進元は現地のテレビ局、後援に日本の大手企業や中華民国政府が名を連ねるなど、大がかりなイベントである。私も地元の相撲ファンと連れだって観戦したので、そのようすを少し紹介しよう。

会場は、前年に完成したばかりの複合スポーツ施設、台北アリーナ。一万人収容の館内には、国技館と同様の本格的な土俵と吊り屋根が設置され、「本場」の雰囲気を演出する。日本円で一万円前後もする高いチケット代にもかかわらず、両日とも八割以上の客席が埋まった。

プログラムの目玉は、力士全員による賞金一〇〇〇万円を懸けたトーナメント戦である。地元の人気司会者が古舘伊知郎ふうの口調で力士を紹介し、次々と関取が登場して取組が進む。ポップな効果音や照明、スピーディな進行とあいまって、ほとんど格闘技イベントとみまがうばかりのものだった。

客席には日本人もちらほらいたようだが、大半が台湾人で、家族や友人に両脇を支えられながら着席する高齢者も目立つ。私の近くにすわった八十代とおぼしき男性は、力士の名前をそらんじ、決まり手の技にも熟知していて、時おり連れの夫人に日本語で「何だあれは。本気じゃないな、花相撲だ」などと冷めた口調で解説していた。

戦前の日本統治期に日本語教育を受け、幼少時に相撲に親しみ、NHKの衛星放送を心待ちにする老人たちが、当時の台湾には大勢いた。いわゆる「日本語世代」と呼ばれる彼らは、普段の生活でも日本語を当たり前のように使っていたので、この老人もその一人なのだろう。テレビで見る本場所とは趣の異なる「相撲ショー」に戸惑っているようだった。

台湾場所の開会式。2006年８月19日、台北アリーナ。写真提供・共同通信社

そんな事情もあってか、にぎやかな進行とは裏腹に今ひとつ客席は盛り上がりに欠けていたのだが、それが一転、ある力士の登場によって突然会場が熱気を帯びることになった。早口の司会者がいきなり「みなさん、彼のおじいさんは何と台湾人なのです！」と叫んだからである。この新情報は

日本では聞かれず、現地メディアのインタビューに「そうかもしれない」と本人が答えたという報道もあるが、真偽のほどは不明だ。しかしこの日の台北アリーナで、彼は瞬時にして「台湾系力士」に変身した。

よそよそしい空気が一変し、「台湾加油！（台湾がんばれ）」とあちこちから熱い声援が飛ぶ。思わぬ人気に勢いづいたご当所力士が、いつにも増して猛烈な突っ張りを炸裂させて相手を倒すと、とどろくような歓声があがった。私もわけのわからないうちに場内のうねりに巻き込まれ、思わず声援を送ったことを憶えている。

こうしてそれなりに成功をおさめた台湾場所だったが、当時の現地メディアが報じた内容をみる限り、地元の人々は勝負の結果などよりも「お相撲さん」そのものに関心があるようだった。髷を結い、カラフルな浴衣を着て闊歩する大男たちの存在自体が好奇心の対象なのである。新聞には「日本の国技を知ろう」と題した真面目な解説記事もあったが、「力士に触ると縁起が良い。街で出会ったらぜひタッチを」という余計なアドバイスや、関取たちの夜遊びを追跡したゴシップなども熱心に載せている。宿泊先のホテルに押しかけて朝青龍のサインを手に入れた小学生の喜びのコメントは、なかなか心温まるものだった。また、今回の開催を知って少年時代に双葉山に憧れた思い出を語る老人の取材記事は、彼らが経験した複雑な近現代史を連想させた。

一八九五年から五〇年にわたって日本の植民地支配を受けた台湾。戦前はたびたび当地で大相撲興行がおこなわれたうえに、子どもたちは教育現場で日本人教師から相撲を習うこともあった。現在の海外巡業先のなかで、この地ほど地元の観衆が多様な心情を抱いて大相撲をみる場所は、ほかにはないだろう。

今から一〇〇年ほど前の台湾に内地からやってきた大相撲は、誰が招き、どのような人々に迎えられ、何を見せたのか。また、日中戦争前夜ともいえる一九三〇年代半ばの興行は、どのようにおこなわれたのか。本章と第三章では、舞台を日本統治期の台湾に移し、かの地と相撲との関わり合いについて読み解いてみることにしたい。

明治期の海外巡業

その前にまず、明治期の大相撲の海外巡業がどのようなものだったかをみておこう。

前章で述べたように、明治初期の日本社会には、裸体をさらす相撲を欧化主義に逆行した「蛮風」とみなす傾向があり、大相撲興行も著しく衰微した。しかし一八九四年（明治二七）の日清戦争に勝利し、一九〇四年（明治三七）の日露戦争後に中国大陸進出の足がかりを得ると、国内では愛国的気運が一気に高まり、それに後押しされるように角界にも活気が戻ってきた。

とはいえ、そのころ人気力士を輩出して活況を呈したのは、主に東京相撲である。明治末期の相撲興行団体は、東京・大阪・京都の三ヵ所にあったが、実力派力士が少ない京阪両団体は興行収益もふるわず、しばしば東京相撲との合併興行で糊口をしのいでいた。地方相撲が単独で全国を巡業するときは、東京相撲の行く先を避けて旅をするなどの姑息な方法をとらないと、客が集まらなかった。

結果的にいち早く海外巡業に踏み切ったのは、主にこうした地方相撲である。彼らは「新領土」の植民地台湾・朝鮮や日本人の渡航が急増した中国など、いわゆる「外地」を興行先に選び、日本人居留民が集住する場所での営業に新たな活路を見いだそうとしたのだった。

そのため海外巡業の文献上の記録は、日清・日露戦争期以降、急に目につくようになる。たとえば最も初期のものとして、一八九六年、前年の下関条約によって清朝から日本に割譲された直後の台湾に、「国技館部屋大相撲団」なる一座が訪れたという記録がある（『創立十周年記念台湾体育史』一九三三年）。

一見すると東京相撲のような名称だが、これはいかにも怪しい。そもそも東京の本所回向院に「国技館」が落成したのは一九〇九年だから、「国技館部屋大相撲」は後付けされた名前だろうし、プロの相撲団かどうかも不明である。とはいえ、抗日ゲリラ制圧に日々苦慮していた総督府や軍の関係者にとっては、ひとときの慰安となったのかもしれない。植民地台湾にはこの時期、こうした多様な興行集団が毎年のように訪れることになるのだが、その詳細については次節に譲ろう。

一方、中国大陸への初期の巡業としては、一九〇三年、東京の友綱《ともづな》部屋にいた十両力士、小緑《こみどり》初太郎一行の渡航が知られている。小緑は部屋を脱走後、大阪で外国人を含む五十余人の力士をかき集めて相撲団を結成した。当時は待遇面の不満などから所属する相撲団を抜け出して、いわばフリーター力士として一時的に他の巡業に参加する者も多かったので、「海の向こうでひと儲け」と声をかければ頭数をそろえるのは容易だったのだろう。後述するように小緑一行は四月の台湾興行を成功させ、それに勢いづいてか、六月には台湾の基隆港から香港・マカオに乗り込んだ。さらに翌年日露戦争が起こると、「戦地巡業」と称して朝鮮半島の釜山、仁川など、駐留部隊の所在地にも足を延ばしている。

その後も朝鮮半島には、地方相撲がたびたび巡業に出ているが、一九一〇年七月の東京大相撲は、それらとは一線を画すものだった。同年八月の韓国併合条約調印直前に、大韓帝国と大日本帝国の「親善」を目的としておこなわれた大規模な巡業だからである。これは同年二月、韓国統監の曾禰《そね》荒《あら》助《すけ》が、贔屓《ひいき》にしていた年寄花籠《はなかご》（元大関荒岩《あらいわ》）に「東京力士を韓国に巡業せしめ、同国に尚武の気風を示しては如何」（加藤隆世『明治時代の大相撲』）と勧めたことで実現したという。

常陸山、梅ヶ谷両横綱という超人気二大スターを筆頭に、総勢一八六名を数える華やかな顔ぶれは、東京相撲の面目躍如というところだろうか。京城では韓国皇帝の上覧相撲などの公式行事も予定されていたため、関取たちは品位を保とうと、釜山から汽車移動する道中も紋付き羽織袴姿で通した。

しかし、『明治時代の大相撲』によると、「暑い折柄、殊に何れも肥満の連中だから、衣類は汗びたし」で、たまりかねた大関駒ヶ嶽が思わず浴衣姿でくつろごうとしたのを横綱常陸山があわてて叱り飛ばしたというから、「尚武」を体裁よく見せるのにもそれなりの苦労があったことがうかがえる。

一行はそののち平壌と中国の大連を経て、日露戦争の激戦地、旅順に赴いた。関東都督府の要請を受け、白玉山忠魂碑の前で戦没者の追悼相撲もおこなった。

すでに保護国として日本の勢力下に置かれている韓国や、日露戦争後に租借地となった遼東半島は、一行にとってとりたてて不安を感じない「安全」な巡業先だったようだ。それどころか、韓国や満洲在住のご贔屓から受け取る心付けは、内地よりずっと気前が良かった。協会宛てのものだけで三千余円、関取が個別に挨拶に行くと、五円や一〇円の祝儀をはずむタニマチもいたという。懐が温かくなって調子に乗ったのか、緞子《どんす》（絹製の豪華な紋織物）の衣装を仕立てる行司まであらわれるほどだった。政府や軍部に歓迎され、十分な収益も上げたという点で、この巡業は明治期の数少ない成功例といえるだろう。

巡業はハイリスク・ハイリターン

しかし、これはあくまで例外である。東京以外の相撲団にとって、外地巡業は吉と出るか凶と出るかわからない大きな賭けだった。もともと内地であろうと巡業は天候に大きく左右されるため、「巧くアタレばボロイ儲けが出来るが、一つはずれたら最後、其の惨めさは到底御話しにならない」(『野球界』一〇巻七号、一九二〇年）というリスクがあった。ましてや勝手のわからぬ外地に、高い交通費をはたいて出かけるとなると、失敗は命取りだ。いつどのような陣容でどこに行き、何をするか。運と勘が勝負の分かれ目となった。

たとえば、さきほど述べた一九〇三年（明治三六）の小緑一行の場合、台湾での成功に続き、次の香港でも当初は「素晴らしい人気で、大当たりホクホク喜んで」いた。ところが、現地でレスリング選手から試合を申し込まれ、ルールもわからず対戦したところ、ことごとく惨敗、おかげで一気に客が減ってしまった。しまいには帰国の旅費さえ捻出できず、「唯《ただ》スゴスゴと石油船に乗せて貰い、南京米の粥を啜って、漸く内地に辿り着いた」(『野球界』一〇巻七号）という。三十余名もの食いはぐれた男たちが貨物船で積荷のように運ばれるという悲惨な帰路だったのだから、これで懲りたと思いきや、それでも彼らは翌年再び態勢を立て直して朝鮮や満洲に乗り込んでいる。

また、明治期に京都相撲で呼出しを務めていた前原太郎の回想録『呼出し太郎一代記』（一九五四年）からも、当時の外地巡業の行き当たりばったりぶりがわかる。

一九〇五年、京都相撲は釜山在住の草風八十衛門に勧進元を依頼して朝鮮に渡航した。草風は京都相撲の幹部で、すでに釜山でも地元の日本人社会に顔を利かせており、受け入れ態勢は万端だった。しかし、実際釜山に送り込まれたのは、およそ相撲取りとはいえないような貧相な無名力士ばかり。

草風親分はこれに激怒して興行を許さず、一行は手ぶらで内地に帰らざるを得なくなった。

そこへ耳よりの情報が入る。待遇の問題などで不満をもち、大阪相撲から離脱した人気力士十数人が九州にいるというのだ。そのなかには東京相撲出身の実力派、大江山《おおえやま》松太郎も含まれていた。これなら客を呼べると踏んで、早速彼らに合流を呼びかけた。

合流後に臨んだ釜山興行は大成功で、連日大入り満員、前原太郎によれば「どこへ行っても一行の人気は大したもの、内地の人たちは久し振りに見る相撲を懐かしがって集まってくるし、土地の人たちは相撲とはどんなものだろうか、との好奇心から続々とおしかけてきた」という。

その後は仁川、京城まで行き、さらに主要メンバーを中心に六〇人ほどの組を再編成して満洲に向かった。当時の満洲は好景気で、若い呼出しの前原でさえ一日の手取りが二〇〇円ほどにもなった。東京の職人の日給が五〇銭という時代なので、本人の言うとおり、まさに「大名気分を存分に味わうことが出来た」であろう。

しかし平壌、安東、旅順、大連、鉄嶺と巡って行くうちに、一行はあぶく銭を日々のバクチにつぎ込み、有り金をはたいてしまった。一文無しで帰国もままならなくなったので、鉄嶺や奉天に駐屯する陸軍に泣きついて交通費を捻出してもらったという。そのお礼にと、奉天で軍の招魂祭に特別参加をし、奉納相撲を披露した。結局、軍から謝礼として受け取った一五〇円の軍票と釜山までの乗車券を手に、何とか内地に戻ることができたのだった。

上海でレスラーと対戦

さて、そんな当時の力士たちは、外地でいったいどんな相撲を披露していたのだろうか。大阪相撲の例を挙げてみてみよう。

日露戦争直後の一九〇五年（明治三八）八月、彼らは上海に向かった。幕内力士の相見潟勘吉《そうみがたかんきち》、鞆《とも》ノ浦《うら》音吉を始めとする四〇人ほどの一行で、大阪の興行師、奥田弁次郎が手配したサーカス団や女芝居一座との合同興行だった。

神戸から船に乗り、門司経由で二昼夜かけて上海に到着。中心部から西に延びる南京西路の南側、張家花園という庭園内の公会堂に寝泊まりし、一ヵ月ほど生活をしたという。当時一五歳で巡業に同行した泉林八（のちの二二代木村庄之助）の回想録によると、通常の演目以外に、こんな出し物があったようだ。

> 掛け小屋をつくって、当時としては珍しい電気をつけ、夜興行だった。お客はほとんどが日本人で、入りはあまりかんばしくなかった。
>
> 一か月間の興行も終わりに近づいたころプロレスのサンテル一行と合併して興行しようじゃないかという話が持ち上がり、レスリング形式で一日、相撲方式で一日やることに決まった。（中略）レスリング形式でレスラー、相撲方式で力士が勝つのは当たり前で、つまらない試合だったが、この二日間、お客はいっぱいはいり、そのあとの一週間は、立派な旅館・松崎洋行というのに泊まることができ、ごきげんだった。
>
> （泉林八『二十二代庄之助一代記』）

要するに、サーカスや女芝居との合同演目で日本人居留民を呼び込もうとしたものの入りが悪く、困ってレスラー団との異種格闘技を仕組んだら、それが意外にも当たった、という顚末だろう。

彼らが「ごきげん」だったかどうかはともかくとして、ここで気になるのは、唐突に登場した「サンテル一行」のことである。サンテルとはいったい何者なのか。石井代蔵の小説『桂馬のふんどし──小説　朝日山四郎右衛門』（一九七六年）では、これを「アメリカのレスリング・チーム」の「サンドー一行」としている。だとすると上海のサンテルとは、戦前にアメリカで活躍した著名プロレスラー、アド・サンテルではないかとの推測も成り立つ。

しかし、アド・サンテルの活動時期とのズレを考慮すると、これはサンテルではなくボディビルダーの先駆けとして知られるユージン・サンドウを指しているとも考えられる。サンドウは一八六七年生まれ。プロイセン出身の彼は世界各地を巡って肉体美を披露していたので、上海に現れたとしても不自然ではない。そうだとすれば興味深い想像が広がるが、武者成一『史談　土俵のうちそと』（二〇〇二年）によると、このとき力士と対戦したのは「小兵のインド人」だったという記録があるだけで、彼がどのグループのメンバーだったかを確定することはやはり難しい。サンテルやサンドウの知名度を拝借した「そっくりさん」一座だった可能性も大いにあるだろう。

「本気」よりも「演出」

ともあれ、このように当時の外地巡業が、内地の巡業よりさらに「見せ物」的要素を前面に押し出したものだったことは確かだ。もともと大相撲の地方巡業は、本場所とは異なり、勝敗が力士の給金に影響するものではない。そのため内容についても、あくまで勧進元や観客を満足させ、収益につなげることが優先される。

また当時は、行き先によっては横綱や大関が行かず、十両力士だけで編成された「小相撲」で実施する場合もあった。そうなると、少ない人員で長時間の演目をこなさねばならないという事情もあり、勝ち抜き戦や初っ切りなど、観客の好みに合わせたアレンジが重要となる。取組の際も、立ち合いから瞬時に決着をつけるような「本気」を出すよりも、土俵の真ん中で四つに組み、時間をかけて残したり残されたりするような「演出」をほどこしたほうが、拍手喝采を受けた。

また外国人レスラーとの対戦も、明治中期の国内巡業ですでにいくつか見受けられる。おそらく明治・大正期の日本では、本場所を実際に見る機会を得たのは、都会に住むごく少数の者たちに過ぎず、国民の大半は新聞や雑誌で勝敗を知る程度のものだっただろう。つまり本場所を知らない客にとっては、むしろショー的要素満載のこれこそが身近な大相撲なのである。

そう考えると、当時の外地巡業のプログラムには、なお一層の工夫が必要だったことがわかる。各地の日本人居留民を主な客と想定していたとはいえ、ここは異郷の地。主催者側としてはあわよくば地元の客も呼び込んで盛り上げたいと思うだろう。もとより大阪相撲は、芝居小屋や遊郭の経営など、多角的な事業展開で財政難を切り抜けてきており、柔軟な現場対応力を備えている。異種格闘技ふうの対戦は、一見苦し紛れの珍妙なものに映るが、大相撲を知らない客を当て込む外地興行では、むしろ企画力に富んだグローバルな演目だったのかもしれない。

「俗臭」と「ショウ」の魅力

実際、大阪相撲は大正期に入っても似たような海外巡業を実施している。鳴戸政治『大正時代の大相撲』（一九四〇年）によると、一九二〇年（大正九）、「当時の不況に何とかして盛り返したい熱意」から、彼らはアメリカに出向いた。サンフランシスコやロサンゼルスで一ヵ月に及ぶ興行を打ち、各地で平均三五〇〇人程度の入場者があった。客は主に現地在住の日本人だったが、「白人」も一割程度いたという。

この巡業でも、力士同士の勝ち抜き戦など通常のプログラム以外に、地元の格闘家と力比べをしたり、時には野球など他のスポーツに参加して観客を沸かしたりすることもあった。参加力士によれば「金は儲かるし、病人は一人も無いし、コンナに巧くいった事はありません」というほどの大成功で、二十数万円の利益を上げたという（『野球界』一一巻二号、一九二一年）。こうしてみてみると、内地では東京相撲に気圧されて冷や飯を食う立場に甘んじた大阪相撲だが、海外の大相撲未開拓地域では、試行錯誤を重ねながら思わぬ営業力を発揮したようだ。

このように明治期の外地巡業に関する資料を辿ってわかるのは、それが日本のアジアへの勢力伸長と歩調をぴったり合わせて実施されているということだ。日清・日露戦争を経た日本は、植民地を含む東アジア各地に軍人、官僚、商工業者などを中心とした日本人コミュニティを形成しつつあり、相撲興行はそうした外地のニーズを見込んでいち早く海を渡った。慣れない異郷で暮らす現地の日本人たちは身近な娯楽を求めていただろうし、収入源の確保に苦慮する地方相撲団にとっても、外地巡業はリスク覚悟で試してみるだけの価値があった。

両者の利害が一致し、当時の海外巡業は活気にあふれていた。昭和の文壇きっての好角家といわれた舟橋聖一《ふなばしせいいち》は、明治・大正期の近代的知識人が相撲を見下し、「粗暴な俗臭に充満した」「裸体ショウ」だと切り捨てた風潮について、「一時代の文化人の底の浅いスタイル」であると批判している（『相撲記』一九四三年）。だが、当時の大相撲の本質は、やはり「俗臭」と「ショウ」であった。そして、その土臭い魅力こそが人々に受け入れられ、この時期の興行を支えたともいえるのだ。

2 「また台湾に行こうじゃないか」

大相撲は台北をめざす

さて、そうした興行相撲を最も早く受け入れたのは、日清戦争の「戦果」として領有した植民地台湾である。

一八九五年（明治二八）六月、台北に台湾総督府が設置され、島内の抗日武装勢力に対する軍事的制圧と並行して本格的な統治が始まった。日本軍は五ヵ月を費やして全島を「平定」したが、このときの台湾住民の犠牲者は一万四〇〇〇人に上るといわれている。その後も各地で民衆の抵抗は続き、総督府が全島の武装勢力を排除するまで、さらに七年以上の歳月を要した。

治安の安定にともない、軍や行政職員のみならず、多くの商工業者や建築業者などが内地から流入した。一八九六年の時点で台北には四〇〇〇人あまりの日本人がいたが、一九一五年（大正四）には三万八〇〇〇人に増加している。これは台北の総人口のおよそ四分の一にのぼる。台北のみならず、北部の港町基隆、中部の新竹、台中、南部の台南、高雄、東部の花蓮などの都市とその周辺にも日本人が集住していった。

そのため、台湾には内地からさまざまな興行集団がやって来た。たとえば統治期初期の一八九五年末から一九〇三年末までを見てみても、台北で興行を実施したのは、落語、浄瑠璃、義太夫、壮士芝居、歌舞伎、軽業、新派劇など多岐にわたり、市内に点在する寄席や劇場でたびたび上演されている。

文献上で確認できる最初の相撲興行は、一八九七年（明治三〇）春の京都相撲である。勧進元は草

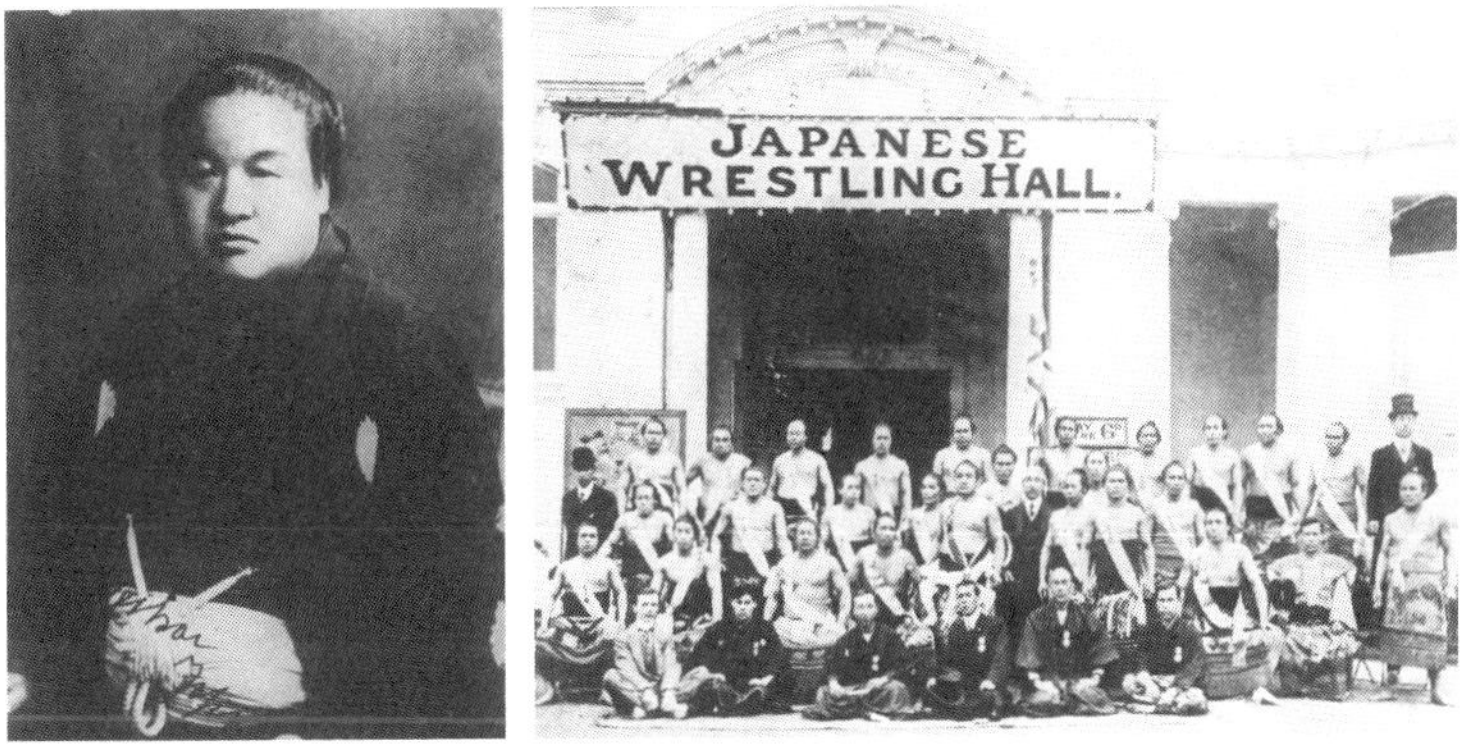

大碇紋太郎（左）と、大碇が率いたロンドンの日英博覧会。『写真図説　相撲百年の歴史』より

風瀧五郎で、大関大碇《おおいかり》を筆頭に、御殿山、谷風、男嶽など四十余名による一団だった。

大碇紋太郎は尾張国知多郡（現在の愛知県半田市）出身、東京相撲で活躍後、脱走して京都相撲に加入した。目尻が下がってニコニコしていたので「おかめ」の愛称で親しまれ、実際におかめの顔を染め出した羽織を着て歩いたりする無邪気なキャラクターだったようだ。出足が早く突っ張りを得意としたが、勝ち越ししても格下げされるなど、東京での理不尽な処遇に耐えかねたらしい。一度は舞い戻ってみたものの再度逃げ出し、その後は京都に腰を落ち着けて、一八九九年に横綱になった。一九一〇年には、ロンドンで開催された日英博覧会に力士二十余名を引き連れて参加したことでも知られている。しかし、その後欧米各地を巡業するうちに生活が困窮し、ついに行方知れずとなってしまった。一説には南米で客死したともいわれている。

大碇一行は、一九〇〇年に再び台北を訪れて、市内の新起街（現在の台北市万華区西門町一帯）の本願寺跡地で一週間の興行を打った。ちなみにこの「本願寺跡地」とは、当時浄土真宗本願寺派が設けた植民地布教拠点の跡地を指すと思われる。現地の日刊紙『台湾日日新報』（以下、『台日』）三月一日の記事によると、「台北へ大相撲の来たのは三十年の四月と今度の二度」目で、「先の時は雨降りが続いて大分損になったが、今度は偉い人気」だった。毎日一〇〇〇人以上の客が詰めかけ、大入りだったという。

現在、新起街周辺は台北屈指の繁華街、西門町として人気を集めているが、当時からすでに料亭や飲食店が建ち並ぶ歓楽地区だった。賑わう街での満員御礼は、東京相撲で挫折を味わいながらも京都で再起をはかり、横綱を張って頑張っていた大碇を大いに喜ばせたに違いない。

ところで、私が調べた限りでは、日本統治期（一八九五〜一九四五年）全体を通じて、大相撲の台湾興行は少なくとも三二〜三三回おこなわれている。そのうち明治期（一八九五〜一九一二年）は一二〜一三回、大正期（一九一二〜一九二六年）も一三回、昭和期（一九二六〜一九四五年）は七回である。明治・大正期に対して昭和期が少ないのは、満洲国建国や日中戦争勃発などの時局の変化により、大日本相撲協会が皇軍慰問を兼ねた朝鮮・満洲巡業を重視したことによると考えられる。

なお、東西の相撲団が正式合併して大日本相撲協会が成立した一九二七年以前だけをみると、その内訳は、全二五〜二六回のうち、大阪相撲が一四〜一五回、京都相撲が四回、東京相撲が四回、九州相撲が一回、東京・大阪合併が二回で、ここでも大阪相撲が存在感を示している。

大阪相撲と台湾

一九〇三年（明治三六）四月、台北新起街で大阪相撲の初日が開いた。これは前節で述べた小緑初太郎を筆頭とする一行である。会場には数十本の幟《のぼり》がはためき、櫓太鼓《やぐらだいこ》の音に誘われるようにして多くの人が詰めかけた。日曜日ということもあって、軍人や役人、会社員なども朝から来場し、桟敷は一七〇〇人以上の客で立錐《りっすい》の余地もなかった。
既述のように、この小緑一行は外国人との混成チームで、「ワッセイ」「サンドル」「セッフル」「シメーツ」と名乗る選手が参加している。このサンドルが二年後に上海で活動したレスラー団選手と同一人物かどうかは不明だが、取組のなかにも「西洋相撲」と称する外国人四人との対抗戦が用意されていた。たとえばワッセイと谷響《たにひびき》の対戦は次のようなものである。

ワッセイが葡萄に似たる眼を瞠って呼吸をうかがえば、谷響は鼬のような眼をキョロキョロさして牙を曝し出して見せ、思わず敵を笑わせること数度。為めに力抜けして立ち合い後れたるワッセイ、上手投げを残さんとして突き付ける時、体負けして突き手の負け。

（『台日』一九〇三年四月一四日）

立ち合いからすぐにイタチのような「変顔」で出鼻をくじき、相手を笑わせてから攻めるという禁じ手作戦である。首尾良く外国人をやっつけた谷響のコミカルな仕草に、観衆は「一同腹をよらせ」たというから、会場の大受けぶりが目に浮かぶ。
また、ワッセイとサンドルの取組では「西洋角力の型」、つまりレスリングの返し技を披露した。まずワッセイがいきなりサンドルの股間をくぐって相手を倒すと、サンドルはすぐに跳ね起きて今度はワッセイの足をすくい、相手の両肩を砂につけて勝負あり。またセッフルは、大きな椅子を口にくわえて持ち上げてみせたりもしている。こうなると相撲というより明らかに演芸なのだが、とりあえず会場が盛り上がったことは確かだ。

といっても、大阪相撲はいつも演芸で勝負していたわけではない。明治末期、大阪では横綱若島《わかしま》に続いて大関大木戸《おおきど》のほか、放駒《はなれごま》、綾瀬川《あやせがわ》など実力派力士を擁し、活気を取り戻していた。一九〇七年一〇月には、総勢一五〇人で台北に乗り込み、本格的な大相撲を心待ちにしている在台日本人を大いに楽しませた。『台日』紙上には、「斯《こ》んな善い顔の揃った大角力は遠い将来はいざ知らず、当分来る気支《きづか》いはないから、我々はしっかり見て角力眼の保養をして置く必要がある」「東京角力は追々衰勢を呈して居るから、大阪方の勉強次第で角力の覇権を握り得べき」(一〇月二八日)とまで言い切る熱烈な大阪ファンも登場している。

実際、一週間の興行は相当な高収益を上げたようだ。気をよくした勧進元は、急遽「討蕃慰問大相撲」と銘打ってチャリティ大相撲を企画した。これは山地に居住する先住民(漢人が移住を開始した一七世紀以前から台湾に居住するオーストロネシア語族系住民。現在の正式な中国語の呼称は「台湾原住民族」)の武力制圧にかかわる軍・警察関係者への慰問と、戦死者遺族の扶助を目的としたもので、愛国婦人会や日本赤十字社特志看護婦会などの賛助によって実現した。入場券を総督府や台湾銀行をはじめ各界の有力者に販売した結果、一日の興行で二九七八枚、計二六二三円の売り上げを出した。勧進元はその収益の七割を寄付したという(『台日』一一月六日、一二月二九日)。

大阪相撲の快進撃はまだ続く。一九一〇年一〇月の興行もなかなかに賑々しい。基隆港から列車に乗り台北駅に到着すると、横綱大木戸以下百余名は歓迎の花火に迎えられた。人力車で会場の新起街市場に移動して土俵祭りをおこない、その後数ヵ所の旅館に分宿。翌日午前八時に会場を開門、午後一時頃から本割りを開始し、六時に終了した(『台日』一〇月二八日)。台北以外の詳しい行程は明らかではないが、基隆、台中、台南、高雄、東部の宜蘭、花蓮など、地方都市を巡るのが常であった。

前原太郎。『呼出し太郎一代記』より

不人気でも歓迎される

ところで、前節で登場した呼出しの前原太郎は、この時期京都から大阪相撲に移っていた。彼は一九一〇年（明治四三）から一一年頃、「先乗り」として台湾に行き、台東などでの開催を地元関係者に取り付けて廻ったが、大阪に戻ってみると意外な事態が待ち受けていた。

皮肉なもので大阪に来て見ると、その年の大阪の本場所が出来ないという不景気だ。協会でもいろいろ協議の結果、本場所を台北へ持って行こうということになった。

（前原太郎『呼出し太郎一代記』）

やっと帰れたと思ったら、また次の巡業の話が持ち上がっていたのだ。おかげでこのころ前原は、先乗りとして内地と台湾を何度も往復させられている。「困ったときの台湾頼み」ということか、ここでも内地の苦境を外地で打開しようとしている。実際、行ってみたところ以下のような上首尾に終わった。

その台北の本場所は見物も来たし、相撲取りも小遣いは入るし、大悦びだった。五人抜きとか、ショッキリとか、番外がたくさんあるものだから、相撲さんは小遣いには困らないし、それから内地へ帰ってからも、また台湾に行こうじゃないか、などとたびたび話が出たくらいであった。

（『呼出し太郎一代記』）

しかし一九一〇年代から二〇年代前半になると、大阪相撲の力士は「ばくちに精を出す者が多く、けいこ量も少なく、東京との実力の差は開く一方」だと再び世間から評されるようになる。そのため「不人気の連続で、巡業をやりたくても買い手がつかず、仕方なく大阪協会が巡業一切をとり仕切る、いわゆる手相撲がほとんど」（『二十二代庄之助一代記』）という凋落ぶりを呈するようになった。

確かに当時の台湾の雑誌にも「渡台毎に八百長や風紀の悪いので失敗を重ね、不人気なりし大阪相撲」（『運動と趣味』二巻三号、一九一七年）などの厳しい世評がみられる。加えて一九一一年四月には、大関の西の海、国見山を筆頭に総勢二〇〇名近い東京大相撲の一団が来台し、台北・台中・台南で初の興行を打った。その後東京相撲は大正期に三回訪れており、大阪相撲もこれまでのように安閑としていられなくなった。

それでも、一九一七年（大正六）の台北興行は評判が良かった。大関朝日山や小染川などが注目され、「土俵入りは頗る簡単明瞭にして東京方に比し敢て遜色なし、流石は先年の名誉恢復を標榜して来ただけある」（『運動と趣味』二巻三号）とか、「従来の弊害を一掃し総てに改良を加えるべしという美名の下に、相当の人気を博し、勧進元も予期以上の庫入を見て何れもホクホクものなりとの事」（『新台湾』大正六年四月号、一九一七年）など、悪評をはねのけようと努力している大阪相撲を評価する記事もある。そのせいか三月一〇日の陸軍記念日には、台北の陸軍施設・偕行社の土俵で安東貞美総督を前に取組を披露するという、内地とは異なる華やかな出番もあった。

翌一九一八年三月には、東京・大阪両相撲団の合併巡業が七日間にわたっておこなわれた。これは台北随一の割烹旅館「梅屋敷」が創業二〇周年を記念して勧進元となったもので、東京・大阪ともに横綱大関を筆頭に計二百余名の力士が参加した。

一行が台北駅に到着した際の歓迎ぶりは、実にあでやかである。有力な勧進元による東京との合併興行とあって、台北花柳界のきれいどころが総出で出迎えたからだ。以下のくだりを読むだけでも、むせかえるような芳香漂う駅頭の光景が目に浮かぶ。

流石は全島第一の大籬《おおまがき》が勧進元とあって、三発の煙火が轟くと、各料亭を始め台北検番百数十の紅裙隊が、満船飾を施して停車場に雲集する。殺風景なプラットホームも俄かに春爛漫の花舞台と化し、濃艶百花の研を競う華やかさに、駅員までが恍惚として夢心地になる。

（『運動と趣味』三巻三号、一九一八年）

これらの記録からわかるとおり、経営不振にあえいでいた明治・大正期の大阪相撲にとって、行けば必ず歓迎され、それなりの収益が見込める台湾は、頼りになる魅力的な興行先だった。当時の在台日本人たちもまた、毎年のようにやって来る大阪相撲にどこか親しみを感じていたのだろう。あれこれ批評したり腐したりしつつも、ダメな部分も含めて愛し、声援を送る好角家が多かったに違いない。東京相撲の力士は確かに実力揃いで立派だが、台湾の人々にとっては滅多にお目にかかれない遠い存在でもあった。いわば台湾は、大阪相撲の第二の「ホーム」なのである。

前章で述べたように、大阪相撲のみならず、大正年間は大相撲の苦難の時期だった。一九二〇年以降の大戦不況、関東大震災による国技館焼失など、次々と災難が降りかかり、相撲界全体に暗い影を落としていく。そのなかで、経営難と内紛が続き実力派力士が払底した大阪相撲が、これ以上命脈を保つことは難しかった。

一九二六年一月、大阪相撲は最後の本場所を台北で開催し、翌年ついに解散したのだった。

一九三六年の台湾興行

一九二七年（昭和二）、東西相撲団が本格合併して大日本相撲協会が成立すると、巡業形式もほぼ一本化された。力士らを「組合」（現在の「一門」。日頃の活動を共にする部屋の集まり）とよばれる四つのグループに分け、適宜単独、あるいは合併して各地を巡る方式である。

巡業は一般的に力士が一二〇人前後、ほかに年寄、行司、若者頭、呼出、世話人などが八〇人前後、計二〇〇人ほどの大人数で移動する。事前にまず、検査役級、部長級の年寄が「売込」（興行の予約）に出向き、各地の有力好角家と交渉にあたった。こうした好角家たちは協会や年寄から「世話人」や「目代《もくだい》」として推薦された者で、利害関係を度外視して興行の実施に尽力する。また各地には「木戸御免」として優待される常連客もおり、目代や木戸御免が協会に勧進元を周旋した。興行は勧進元が一括して請け負うのが普通だが、組合が全責任を負う「手相撲」や、勧進元と組合が共同責任を帯びる「歩合相撲」もあった。

一九三〇年代半ばになると、内地では戦時ナショナリズムの高まりと、のちに横綱として六九連勝を達成した双葉山の人気沸騰があいまって、空前の相撲ブームとなった。全国の学校の校庭には次々と土俵が作られ、子どもから大人までやたらと相撲をとる機会が増えたのもこのころだ。国技館の本場所開催期間も、三九年の五月場所以降、一三日間から一五日間に延長したほどである。

当然、外地の日本人社会でもこれに連動した相撲熱がわき起こっていたが、既述のように一九三〇年代の大相撲は、朝鮮・満洲巡業を優先したせいか台湾での開催数は減り、協会による昭和期の興行はわずか数回にすぎない。しかし大相撲ブームまっただ中とあって、この時期の台湾でも多数の観客を動員し、成功裡に終わっている。

ここで、一九三六年四月の台湾巡業をみてみよう。これは横綱武蔵山《むさしやま》一行と大関男女ノ川《みなのがわ》一行の合併巡業で、合わせて一七〇名余の大編隊である。四月一日の台北五日間を振り出しに、台中、嘉義、台南、高雄、新竹、基隆をほぼ二日間ずつ回り、四月二一日に帰還した。

台北駅に到着した一行は、武蔵山、男女ノ川、双葉山の各後援会のほか、台北消防組や花柳界、接客業の女性たち数百名による華やかな歓迎を受けた。その後、車三〇台を連ねて台北郊外の台北神社に参拝、巡業の安全息災を祈願すると、市内の会場（築地町）に参集し、万歳三唱をして散会した。

翌日の初日には、陸軍・警察関係者、芸妓、商業学校や国民中学の生徒など一〇〇〇人近い団体客が会場に詰めかけ、二日目の観衆はさらに五〇〇〇人にも及んだ。当時の雑誌記事によると、「相撲場は早朝から活気を呈し、さしも広い三十間四面の小屋も、正午には立錐の余地もな」い盛況ぶりで、総督府交通局鉄道部や専売局に勤務するアマチュア力士が飛び入り参加で土俵に上がると、「此の日、場内を埋め尽した五千の大観衆、期せずして専売団の応援団と化し」たという（『専売通信』一五巻五号、一九三六年）。その時のようすは、以下の記述からもうかがえる。


観衆は熱狂のるつぼに入り、土俵に跳上がる者、躍り出すもの、桟敷の小競り合い、手拍子揃えての応援等、場内の騒然たること、さながら往年の移動本場所の感があった。

（「地方巡業だより」『相撲』創刊号、一九三六年）

一般人が力士と対戦する企画は、現在の巡業でも喜ばれるだろうが、それにしても跳び上がったり躍り出したりする観衆のこのハイテンションぶりは尋常ではない。連日満員札止めの熱気に満ちた会場の光景は、台北以外の地方都市でも同様だった。

特に南部の台南市では、当地の小学校出身の力士「鹿嶌洋《かしまなだ》」を迎えて格別な盛り上がりをみせた。鹿嶌洋の本名は久起一。出身は台湾とも茨城県ともいわれるが、小学校は台南の南門小学校を卒業し、春日野部屋に入門、一九三八年に新入幕、最高位は前頭筆頭、のちに横綱双葉山から二勝をあげたことで知られる。新弟子時代のしこ名は「新高山《にいたかやま》」で、これは台湾の最高峰（現・玉山。標高三九五二メートル）からつけたものだ。当時は幕下力士だったが、会場には小学校後援会も駆けつけ、「場内を揺がすばかりの声援湧く中」（「地方巡業だより」）、ご当所力士として勝ち星をあげた。

ところで、台湾の名峰・新高山をしこ名にした力士はもうひとりいる。一九四〇年に角界入りした「新高山」である。

こちらの新高山は本名を卓詒約といい、一九二〇年台中州大甲郡生まれ。台南工業学校を卒業後、製紙会社に勤務したものの、二メートルの体軀を見込まれ花籠部屋に入門、突っ張りや吊り技を得意とし、幕下まで進んだ。四六年に廃業後は日本プロレスに所属、「羅生門綱五郎《らしょうもんつなごろう》」の芸名で知られ、黒澤明監督の映画「用心棒」にも出演した。ジャイアント馬場と瓜二つのレスラーといえば、ご存じの方もいるかもしれない。

さて、一九三六年のこうした一連の記録からは、大相撲到来を待ちかねた人々の外地巡業独特の高揚感が十分に感じられる。しかしその半面、協会が「国技相撲」の体現を意識して厳粛な特別行事や演目を組んだ形跡はみあたらない。この時期の巡業には付きものの慰問相撲や軍関係施設訪問などの「戦時イベント」がなく、ほぼ通常営業である。

それに対して、同年六月〜八月の武蔵山・男女ノ川一行による朝鮮・満洲巡業では、七月一日に関東州旅順で陸・海軍や病院・刑務所向けの慰問相撲をおこない、旅順要塞司令部から感謝状を贈られている。これは協会が自ら「我が一行の皇軍慰問は時を得、且つ最も有効的であった」（「地方巡業だより」『相撲』一巻六号、一九三六年）と自負するような、戦時期の典型的な活動だ。それに較べると、大陸と海で隔てられた南方のこの島では、「島都」台北においてでさえ日中戦争前夜の緊迫感が相撲興行に反映されることは少なかった。

プロレスラーに転身した羅生門綱五郎。『日本プロレス全史』（ベースボール・マガジン社、1995年）より

その一端を示すのが、台北二日目の「初っ切り」の光景である。初っ切りは本来、禁じ手を滑稽に紹介するコント風の出し物なのだが、当時の記事によると、どうやら力士たちは「世界に冠たる国技の品位を傷つける事おびただしい」猥褻な仕草で笑いを取ろうとしたらしい（『専売通信』一五巻五号、一九三六年）。記事には「心ある者、皆目を掩う」と書いてはあるものの、おそ

らくそんな下品さが許されるような、いつもの雰囲気だったということだろう。実際は「心ある者」たちも、指の隙間からチラチラ見て楽しんでいたのではないだろうか。

3　勧進元はアウトロー消防組

一九三九年の台湾興行

さて、その三年半後の一九三九年（昭和一四）一〇月、双葉山、男女ノ川両横綱一行が再び来台し、主要都市を巡った。本章の冒頭に述べた二〇〇六年の台湾場所から、さかのぼること六七年前、二〇世紀最後の台湾興行である。

当時は六九連勝の記録を打ち立てた横綱双葉山が再び連勝を始めた頃で、「無敵のシンボル」としての人気は衰えていない。たとえば五〇〇〇人収容の会場を準備した台南市では、興行前からこんなふうにヒートアップしている。

デパートの飾窓に、店頭に、街頭に勘亭流の番付が行人の目を惹き付け、台北からのラジオ放送がもう市民を興奮させている。理髪店の一角では待ってましたとばかり、相撲談義に泡を飛ばす角通?連も見受けられる。

（『台日』一九三九年一〇月一七日）

街のあちこちに番付表が貼られ、ラジオは台北での勝敗を伝えている。もうすぐレジェンド双葉山がこの街にやってくる。相撲ファンなら胸の高鳴りをおさえることはできないだろう。

ただ、日中戦争勃発後のこの時期になると、さすがに三年前と同様の気楽な内容ばかりというわけにはいかない。彼らには戦時期にふさわしい厳かな態度と奉仕の精神を表現する必要があった。たとえば台北の千秋楽は、小林躋造《せいぞう》総督が臨席し、招待席で傷病兵たちが観覧するという、やや緊張感が漂うものだった。総督が着席した際は、観衆が一斉に起立して「白衣の勇士万歳」と三唱した。

基隆でも軍人や傷病兵、遺族を桟敷に招待して「銃後人感謝の表徴」を示したほか、各地の小学校を双葉山らが訪問し、児童に稽古をつけたり、校庭の土俵開きをおこなったりした。たとえば新竹州の小学校では、「国技相撲を通じて、明日の時代を担う児童の体位向上、志気の養成を図るべく」校庭に土俵を設けたので、その土俵開きに双葉山を招待し、これにあわせて州主催の学童相撲大会を開催している（『台日』一九三九年一〇月一二日）。

内地の地方巡業での男女ノ川

さて、このように報国的活動も欠かさず、文句なしの人気を誇った一行だが、南部の都市、嘉義での興行はたった一日で済ませてしまった。そのため、会場の嘉義公会堂裏庭にはわれ先にと観客が殺到、七〇〇〇人以上が詰めかけ、「はばかりは愚か、身動き一ツ出来ない程」（『台湾公論』四巻一一号、一九三九年）の異常な混雑ぶりとなってしまった。

原因は現地の勧進元にある。本来二、三日打つのが妥当なのに、そうすると「余り儲からぬと云うので、無理に一日間にした」のだ。一〇月とはいえ、南国の残暑は厳しい。すし詰めで大汗をかきながらの観戦を余儀なくされた客のなかには、一張羅の着物を台無しにした者もいたし、帰宅後具合が悪くなり「病床に呻吟して居る婦人」も出た。「日本精神の力技を示すのに、斯くも観衆を人間扱いにせず、所謂人道を没却してまで利益を挙げることは持っての外だ」と、喧々囂々たる非難の声があがったという（『台湾公論』四巻一一号）。

この強引な手法を取った勧進元とは、嘉義の消防組である。当時の相撲の資料をめくっていると、嘉義に限らず各地の消防組とその組長が、たびたび大相撲の勧進元として名を連ねていることに気がつく。早い時期では一九〇七年（明治四〇）一〇月に大阪相撲を招いた台北消防組組長澤井市造、三〇年代では一九三六年（昭和一一）の台北消防組顧問篠塚初太郎や、高雄消防組組長杉本音吉、東本定輔などの名前が見られる。

また、台中、嘉義、台南、新竹でも各地消防組自体が勧進元を引き受けている。一九一八年（大正七）三月の東西合併相撲を仕切った割烹旅館「梅屋敷」など消防組以外の勧進元もいることはいるし、三〇年代に入ると組合や政府関係機関による開催も増えるが、相対的にそれらは少数だ。どうやら台湾の消防組と大相撲は、切っても切れない間柄らしい。

台湾の消防組

消防組とは、明治期から一九三九年（昭和一四）まで全国の市町村に設置された消防組織のことで、現在の消防団の前身にあたる。内地では一八九四年（明治二七）に「勅令消防組規則」が制定され、消防組設立に府県知事の設置認可が必要となり、消防は警察の補助機関と位置づけられた。

植民地台湾でも、領有直後から日本人が流入して木造家屋が増えたため、内地同様の消防組設立が急務となった。一九〇〇年、台北県では県令「内地人消防規則」を定め、それまで土木請負業者などが私的に結成していた消防団体の組織化をはかった。その経緯について、『台湾日日新報』には次のような記事がある。

> 領台以来明治三十二年迄は、消防組として一定の組織なく亦消防器具の設備もなかったから、ソレ火事だという場合は権平も八兵衛も現場に駆けつけ消防に従事し、弥次馬の蹂躙に任せてあったが、漸々と渡台内地人の増加するに伴い、建築土工等の請負を業とするものが殖えた結果、（中略）党を作り派を為して、火災其他集合の場所に出入し、互に鬩ぎ合うという弊を作ったので、（中略）私設消防組を設置することとなった。
>
> （『台日』一九一二年一月一三日）

ここでいう「権平」や「八兵衛」たちは、領有初期に急ピッチで行われた島内のインフラ建設に合わせて、内地から流入した労働者たちである。当初彼らに地域の消防業務を任せていたところ、次第に徒党を組み、火事場を舞台に闘争を繰り返す武闘集団を形成するようになった。そこでそれらを統括するために私設消防組が設置されたという。

その後、一九〇二年に、行政が費用の一部負担をする公設消防組の設置が認められ、台北でも台北消防組が発足した。このとき初代頭取（のちの組長）に就任したのが、澤井《さわい》市造《いちぞう》である。当時の台北

澤井市造。『澤井市造』より

では「義侠の徒」として知られた人物だ。一九三〇年代に台湾で活動した講談師の後藤方泉が、澤井の活躍を講談の題材として取り上げ、「台湾任侠伝」と銘打っているところからも、彼がその道で勇名を馳せたことがわかる。

　澤井は一八五〇年（嘉永三）、丹後国由良村生まれ。人夫請負業者として北海道と内地の鉄道工事に従事したのち、建築会社有馬組の一員として一八九五年（明治二八）渡台、のちに澤井組を設立し、台湾鉄道の改良・建設工事や基隆築港などに携わった。「事をなすに当って私慾をはなれて唯だ意気に生くるの人」で、「普通人の難事とした問題も一度彼が顔を出せば大抵の事は円満に解決した」という（『台湾古今財界人の横顔』一九三二年）。「円満」かどうかはさておくとしても、相応の財力と力自慢の子分を備える彼なら、表沙汰にできない台湾政財界の裏取引から、町の小さなトラブルまで、解決できないものなどなかったのだろう。

台北消防組は、澤井以下、副頭取一名、小頭三名、取締三名、消防夫九〇名で構成され、幹部には土木・運送業者が多く含まれていた。副頭取に就任した船越倉吉《ふなこしくらきち》も、領有直後に澤井とともに来台した建築業者である。

　船越は一八六六年（慶応二）、武蔵国大里郡生まれ。内地では関西線や山陽線などの鉄道工事に従事し、土木技術の習得に加えてケンカの腕も磨いたらしい。台湾では一九二三年（大正一二）に太田組を創業、島内の鉄道、港湾工事に携わった。一九一二年の澤井の死去にともない一九一五年、頭取に就任している。船越はいわば組長の子飼いであり、他の構成員もほとんどが澤井の以前からの配下だった。それもそのはず、台北消防組は澤井がそれまで率いていた私設消防組「共義組」が、そのまま公設として認定されたものなのだ。

このように火事場の武闘集団から生まれた消防組の構成メンバーは、当然のことながらその大半がアウトローである。少し時代が下るが、一九三〇年（昭和五）の『台北州消防一覧』によると、台北州の消防手二四一名の職業別構成は、「日雇労働者」が全体の三二パーセント、「その他」が三〇パーセント、「商業」が一三パーセントである。荒くれ者たちを束ねる組長には、やはりそれなりの器が求められたであろう。

また一方で澤井は、慎重で細やかな心遣いの持ち主でもあったらしい。功成り名遂げたあとも、他家へ人力車で乗り付けるときは、必ずちょうちんの灯を消させたという。彼が訪問したことで周囲に誤解され、世間の噂になってはならないという先方への気遣いだろうか。

こうして澤井は、日本統治期初期の段階から総督府や警察関係者、政財界とも関係を深め、さまざまな公共事業を請け負う一方で、地域の「安定」に一役買いながら、植民地社会での地位を確保していったと思われる。

相撲と任侠①——澤井市造と小林佐兵衛

さて、このような地域の顔役ともいえる侠客が相撲興行に関与する例は、澤井市造に限らず内地でも広くみられたことである。両者の関係について、俳人・歌人で編集者の柴田宵曲《しばたしょうきょく》は、次のように述べている。

侠客と角力とはもともと似たような畠から発生したものである。幕府が遊侠無頼の徒を取締る一方便として勧進角力を許可し、角力が次第に職業化するに及んで、両者は自ら途を異にするに至ったが、それでも全く相分れるわけには往かなかった。

（三田村鳶魚著／柴田宵曲編『侠客と角力』（解説）二〇一〇年）

一七世紀後半に江戸幕府が相撲の勧進興行を許可したことで、それまで無頼の徒と同じ扱いだった相撲取りが、プロとして腕を磨くようになった。そこから両者は別の道を歩んだが、それまでは同じ畑の作物のようなもの。腕っ節の強さで生き残る任侠博徒と相撲取りは、まさに「兄弟分」だったと柴田は言いたいのだろう。

確かに両者の距離感の近さは、大阪相撲の長としても名を馳せた「浪速の侠客」、小林佐兵衛を例に挙げるとよくわかる。

日本史研究の飯田直樹氏の整理によると、小林は一八三〇年（文政一三）大阪生まれ、幼少時に家出をし、二〇代の頃から町奉行所と関わりを持ち始め、行方不明人の捜索、番所の見張り役、市中見回りなどの仕事を請け負う「人夫（町夫）」となる。一八七三年（明治六）には大阪市中消防組「北大組」の頭取に就任したほか、清掃業や土木事業の請負、救済事業所の経営など多面的な役割を担った人物である。

一八七五年に大阪相撲の力士十余名が脱走する騒ぎがあり、仲裁に入ったのが小林だったというから、その頃から大阪相撲との関係があり、内紛の調停役や興行の運営などに携わっていたとみられる。

本章一節で登場した泉林八（第二二代木村庄之助）の回想録によると、明治三〇年代末の大阪相撲は、難波の空き地に小屋掛けをして本場所を行っており、部屋持ちの親方が二二人、番付にのる力士が約三七〇人、番付外の前相撲力士が一〇〇人前後、他に世話人など四〇〇人ほどで構成されていた。団体の長は「総理」、その下に「取締」という役職があった。泉は「小林佐兵衛というのは当時の大阪の大親分で、相撲とはあまり関係がないのだが、大親分を総理ということにしておけば、興上なにかと便利だった」と書いている（『二十二代庄之助一代記』）。おそらく小林にとって相撲は、実入りのいい芸能興行の一つでもあったのだろう。その後大阪相撲では、大正初期まで彼のような侠客が睨みをきかせる状態が続いたようだ。

とはいえ、多くの親分たちにとって、「兄弟分」である相撲は飯の種以上の大切な存在だったのではないだろうか。

話を台湾に戻そう。たとえば澤井市造には、こんなエピソードがある。

日露戦争後の一九〇六年、日本海軍の南清艦隊が台湾警備のために基隆に入港することになった。そこで台北庁長佐藤友熊《ともくま》は、澤井ら関係者を集め、歓迎宴の余興の演目について意見を募った。澤井はもちろん相撲を見せよと提案したが、それを「裸踊り」と揶揄して反対する者がいたため激怒し、こう啖呵を切ったという。

あんなつまらぬものは見なくても良いと云った野郎は、明日相撲へ水兵を案内して来る時には、棺桶を用意してこい。

（後藤方泉『後藤方泉講談集』一九三七年）

相撲と任侠②――杉本音吉

北の台北には、ここまで相撲愛に満ちた親分がいたわけだが、南の高雄にも好角家で知られる侠客がいた。一九一六年（大正五）に初代高雄消防組長に就任した杉本音吉《すぎもとおときち》である。

杉本は一八七三年（明治六）、大阪府南河内郡生まれ。一八九六年に軍夫として渡台し、のちに高雄港の仲仕たちを統括する元締めとなり、一九二一年（大正一〇）、台湾運輸株式会社専務取締役に就任。高雄労働需給組合理事長、高雄漁業組合長、高雄州協議会員を歴任した「港の親分」である。

杉本の相撲好きは周囲もあきれるほどで、「一場所見物に三千円以内では済まなかった」というのめり込みようだった。「上は横綱大関から、下は呼出し行司見習い褌かつぎに至るまで、一人残らず一封宛」のご祝儀を渡したらしい（高橋伝吉編『杉本音吉小伝』一九三四年）。呼出しに三円、三段目で五円、幕下にも一〇円をはずんだそうだから、幕内の連中などは相当いい夢を見せてもらったことだろう。

さらに巷間では、高雄の興行がいつも大入りなのは、杉本が何千枚もの切符を買い占めて配っていたからだと噂されていた。興行が成功すれば、相撲を通じて高雄の活況が内地にも伝わる。そうした景気づけをねらったものでもあったようだ。

似たような逸話がもう一つある。一九二四年、大阪相撲の先乗りが興行の相談のために杉本のもとを訪れた。いつものように算段してくれると思いきや、彼は頑として首を縦に振らない。実は高雄では、前年に起こった関東大震災の義捐金を市民に拠出させており、呼べる余裕はないというのだ。しかし徒手空拳で大阪に帰しては河内生まれの名がすたる。そこで杉本は、興行の代わりとして売り上げ分に相応する三〇〇〇円を先乗りに渡したという（『杉本音吉小伝』）。

親分たちがここまで熱心だと、相撲取りのほうも何かの折にはひと肌脱がなくてはなるまい。明治三〇年代前半、前節に登場した京都相撲の大碇一行が台北滞在中、「清涼館」という日本人経営の料理屋である騒動が起こった。この店の女将が夫と別れ、台北に別の店を開業しようとしたのだ。怒った夫が無頼の徒を集めて店への襲撃計画を立てた。女将はただちに澤井市造に助けを求め、澤井は船越倉吉に命じて若い衆を集合させた。その際、大碇一行の関取も丸太を持って駆けつけ、女将の店の周囲を固めて守ったという（橋本白水『船越倉吉翁小伝』一九三一年）。このようすだと、親分の命令一下、力士がケンカの現場に助っ人として急行することは、おそらく一度や二度ではなかっただろう。

澤井は一九一〇年代に、杉本は二〇年代、船越は三〇年代にこの世を去ったが、彼らの葬儀には大相撲関係者が参列し、立派な花輪が贈られた。こうして台湾の「兄」と「弟」は、死が二人を分かつまで長く親密な関係を保ったのである。

紺綬褒章をつけた杉本音吉。『杉本音吉小伝』より

侠気としての相撲興行

さて、台湾では一九二一年（大正一〇）、勅令第二〇六号「台湾消防組規則」が施行された。これ以降、消防事務の監督は州の警務部警務課がおこない、各州下の消防組の設備等費用は市街庄で負担するようになった。しかし内地の消防組と同様に義勇的組織だったため、財政面では公設消防組であっても寄付に頼らざるを得ない状態が続いた。

そうした組の維持費調達の意味もあったのか、本節の冒頭に述べたような嘉義の例をみても、彼らはときに強引な手法で利益を求めていたことがわかる。

たとえば一九二四年の台北の東京大相撲興行では、五日間で四〇〇〇円余の純利益を上げ、勧進元の台北消防組は一〇〇〇円で自動車ポンプを購入して台北市に寄付、残額は勤続三年以上の消防夫に賞与した。このとき消防組は、開催前に各戸に招待券を配布したのだが、これは祝儀の強要ではないかと疑念を抱く市民が多かったという。

相撲興行を介して不当な金銭の授受がおこなわれていたであろうことは、近代日本の任侠集団の歴史に鑑みれば容易に想像できる。内地の地方巡業でも、「頼まれ勧進元」と称し、地元の顔役が「手相撲」に名前貸しをすることもあった。多くは必ず収益が見込めると協会が踏んだ場所の興行や、移動日を使った一日興行の場合で、これによって顔役は花柳界からの祝儀や協会からの招待券を受けとっていた。

一方で、作家の宮崎学は、大正期に神戸で山口組を興した初代組長、山口春吉が浪花節や相撲の興行を始めた動機について、「当時のヤクザが興行に関わったのは、単に儲けのための経済行為ではなく、労働力供給業者として、労働者の元締めである組が労働者に娯楽を提供するという意味もあったのではないか」と述べている（『近代ヤクザ肯定論』二〇一〇年）。もともと親分自身が好きな浪曲や相撲を、子分たちにも見せてやりたかった。そんな一種の「厚生事業みたいなもの」が興行の出発点ではないかというのである。そう考えると、台湾の消防組やその組長もまた、自分たちが好む相撲をはるばる内地から招き、興行という大きなイベントを通して配下や地域の人々に慰安の機会を与えようとしたととらえることもできるだろう。

一九三〇年代の台湾では、むしろ勧進元にそうした「侠気」がないと、一般市民も納得がいかない場合もあったようだ。

たとえば一九三九年（昭和一四）の基隆の興行では、ある鉄工所の社長が勧進元を引き受けた。当日は軍人、傷病兵、遺族などを招待するなど、「銃後人感謝の表徴」をしっかり示して「男を挙げた」という。しかし彼は、どうやら三業地関係者への招待を怠ったらしい。結局「貸座敷組合」からは客が来ず、おかげで「錦上更らに花を添える」ことができなかった。「角力等は市中の景気を沸騰させるもの」なのだから、「その景気付けは花柳界の方面からしてやらねばならない」と、当時の雑誌記事は嫌味を書いている（『台湾公論』四巻一一号、一九三九年）。おそらく鉄工所の社長は気の利かないケチくさい勧進元だと噂され、地元での評判を落としたであろう。

もちろん、任侠集団としての消防組には厳しい批判があった。消防の近代化にともない、旧来のあり方に疑問符がつけられるようになったのである。台湾消防協会の雑誌『台湾消防』の一九三七年の記事には、次のような意見が掲載されている。

> 時勢の進展に伴うて、昔日の如く破壊消防に重きを置いた時代に必要とせられた人物は、機械消防に変わった現代に於ては不必要とせられる。（中略）世上消防の幹部は親分肌の者でなければならぬと云う事を聞き、又消防幹部の内に於ても「世間の紛《も》め事に対して消防組幹部が口を利けば直ちに解決する様に、消防組を強化せねばならぬ」と云うような考えを持った者があるとすれば、甚だ程度を越えた考えであって、吾人から云わせれば斯の如きは消防組の「狂化」と謂いたい。
>
> （『台湾消防』第七一号、一九三七年）

植民地の日本人社会は、内地と異なり伝統的な地域秩序が希薄なため、時に表舞台で、あるいは裏社会で、社会各層の仲介役やアウトローの統括者として侠客たちがその力量を発揮する機会が十分にあった。統治期初期のインフラ建設が急務だった時代、彼らは内地から流入して力を蓄え、植民地権力と共存しながら地域に根ざしていったのである。

侠客たちが活躍した植民地には、労働者や飲食業者なども同じく内地から流れ込み、新社会の基層の一端を形成していく。彼らの持つ活力が、明治・大正期の大相撲興行を受け入れる素地を形作ったともいえるだろう。

しかし、近代都市の成熟と共に消防の近代化が進むと、内地同様に彼らの活動空間はだんだんと狭まる運命にあった。加えて三〇年代後半の戦時期には、地域の末端組織も警察の補助機関として機能することを求められた。

内地と朝鮮では一九三九年(昭和一四)、勅令第二〇号「警防団令」により、消防組と防護団は警防団に統合された。その四年後の一九四三年、台湾でも同様に勅令第一九四号「台湾警防団令」が発布され、消防組は戦時に即応する国防組織の一部となった。

こうして戦局の悪化とともに、台湾もまた、大相撲興行を招き楽しむための時間と場所を失っていったのである。

第三章

青年教師、「相撲体操」を考案する

八尾秀雄の「角道」

春秋園事件で脱退した力士が大阪で開いた選手権大会で優勝旗を得た天龍。断髪して土俵に臨んだ。
1933年2月

1　八尾秀雄とは誰か

謎の相撲教師

八尾秀雄《やおひでお》という青年が気になり始めたのは、今から一〇年ほど前のことだ。歴史学者の赤澤史朗氏が書いた「戦時下の相撲界——笠置山とその時代」(二〇〇〇年)という論考のなかに登場し、初めてその名前を知った。

八尾は一九〇六年(明治三九)生まれ、アマチュア相撲の指導者である。活動したのは一九二〇年代から四〇年代、小学校の児童を対象とした「学童相撲」の指導法を考案し、その理論と実践を提唱したほか、三〇年代後半には、学校体育の一環として奨励された相撲教育を「教育相撲」と称して普及に努め、多くの専門書を出版した。

それだけなら、とりたてて目新しさを感じない人物ともいえるだろう。だが、相撲の近現代史に関する資料を見渡していると、あちこちで彼の名や相撲論を目にするようになる。特に一九三〇年代に展開した精力的な活動については、本人の著作や雑誌・新聞記事から熱血ぶりが詳細に伝わってくるので、次第にその存在をスルーできなくなってしまった。なにやら私に強い「圧」をかけようとする謎の相撲教師。彼はいったい何者なのだろうか。

赤澤氏の論考を読んで最初に想像したのは、力士のように大柄な青年である。たとえば幼い頃から地元の力自慢で、長じてどこかの相撲団に所属したのかもしれない。その後引退して一般人となり、指導者を志したとか。そんな単純なストーリーを思い描いてみた。

ところが、彼は私にとって想定外の人物だった。八尾は力士出身ではなく、大相撲関係者でもない。長く少年相撲の審判や行司役を務めていたようだが、本人自身がアマチュア相撲で腕をならした経歴も見当たらない。

まずは二枚の写真をご覧いただきたい。これはともに一九三〇年代、一枚はラジオ用に相撲講話を録音中の八尾、もう一枚は東京の小学校で指導中の八尾である。体格は中肉中背、眼鏡をかけたインテリ風の面差しであることがわかる。どこか育ちの良ささえ感じさせ、見ようによっては師範学校の体育教師のような風貌ともいえる。恵まれた家庭で育った都会の青年なのだろうか。

八尾秀雄（上）と小学生の指導風景。『小学生相撲読本』より

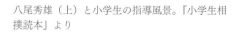

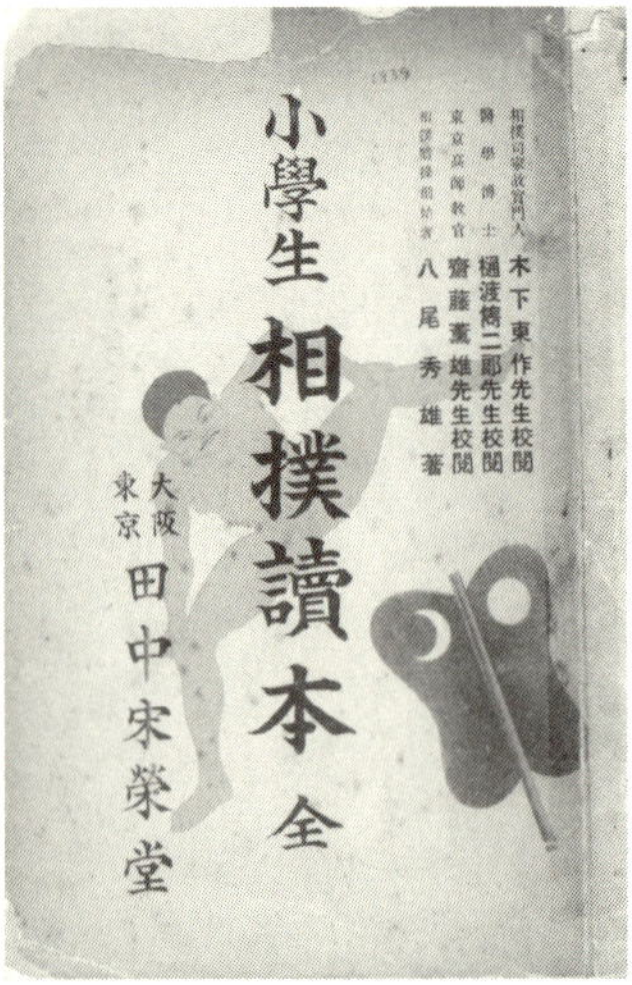

八尾の著書『小学生相撲読本』

実は、彼は日本統治期の台湾で育った日本人である。父親が島内の学校を巡回して相撲指導をしていたため、父の死後その遺志を継ぎ、十代から台湾の地方都市で活動していたという。

彼が青年期を送った大正から昭和初期、台湾にはおよそ一八万人もの日本人が居住していた。総督府の一連の近代化政策により島内の産業も活性化し、それとともに移民事業などを介して続々と人々が流入したのである。彼らの渡台の理由はさまざまだが、日本人が台湾人より優位に立つ植民地社会では、内地と比べて活路を見いだすチャンスも多かったことだろう。

そのなかで、ひとりの日本人青年が堅実な職に就かず、いわばフリーランスで相撲の巡回指導をしていたということ自体は、珍しくはあるがそれほど驚く話ではないかもしれない。ただ少なくとも、それが生活を保障しない不安定な仕事であるのは確かだ。資料をみる限り、彼に高等教育の学歴はない。当時植民地で幅をきかせていた総督府の役人や軍人、大手企業の日本人たちとはまったく異なる生活環境にあったと考えてよいだろう。

ところが、一九三〇年代後半になると、彼の活躍の舞台はいきなり内地の大都市へと広がっていく。東京や大阪の小学校を回って自身の創作した相撲体操などを指導しつつ、教育関係の研究会で発表したり、雑誌に論文を投稿したりと、研究者としての顔もみせるようになった。初等教育における相撲教授法研究の第一人者として次々と著作を出版し、その数は私の知る限り十数冊にのぼる。どの著書にも、高等師範の教師や医師、大学教授などの推薦文が添えられており、売れ行きが良いため増補版を出したものもある。さらに相撲体操のレコードや映画を制作、一九三七年（昭和一二）には、完成したばかりの「大阪大国技館」の教育相撲講習所長にも就任している。このとき彼はまだ三一歳。若くしてひとかどの文化人の地位を得たといえるだろう。

まさに番付を一気に駆け上がっていったような人生だ。貧しく学歴もない植民地青年のサクセストーリーといっても大げさではない。

日本統治期の台北市の繁華街、栄町通り。『日本地理大系11台湾篇』（改造社、1930年）より

それにしても、なぜ彼は相撲にこだわり続け、内地で短期間のうちに指導者の地位を獲得できたのだろうか。彼の人生には、「国技」としての相撲を教育の場に求めた戦時期という時代が色濃く反映されているはずである。

だが、その後の彼を待ち受けていたのは大きな挫折だった。一九四〇年、三四歳の八尾は当時ホームグラウンドとしていた大阪を離れ、突如満洲国（現在の中国東北部）に渡った。おそらくそれは最初から望んだ道ではない。実は、彼が当時提唱していた教育相撲や、それに基づく諸活動が、大日本相撲協会の不興を買ったのである。出る杭は思いきり打つとばかりに協会は彼を排撃し始め、逃げるように向かった先が中国大陸だったのだ。

とはいえ満洲国でも、八尾は逆境に腐ることなく自身の力量を最大限に試そうとした。後述するように和久田三郎《わくたさぶろう》という相撲の同志を得て、ともに「角道」と称する新たな国技相撲の構築をめざして活動を展開した。「角道師範」として二冊の専著を出版、新京工業大学講師という肩書きも手に入れている。

しかし、私が追える八尾の足取りはここまでだった。彼の資料上の消息は、戦後ぷっつりと途絶えてしまった。あれほどの上昇志向の持ち主なのだから、もし内地に無事帰還していれば、何らかの形でどこかに名前を残しているはずなのだが、いったい彼の身に何が起こったのだろうか。

そもそも名前も不可解だ。「やお　ひでお」と読むが、資料によっては「やつお　ひでお」のフリガナもみられる。後述するように八尾姓の前は木村と名乗っていたらしい。もしかしたら、戦後も姓名を変えて生きていたのかもしれない。まだ多くが謎に包まれたままの人物なのである。

本章では、この特異な相撲人生を送った八尾秀雄をじっくりみてみたい。植民地という、いわば大日本帝国の周縁に位置する場所で、突き動かされるように相撲と向き合ったのはなぜなのか。学童相撲や教育相撲という新しいジャンルを創って「国技」の枠組みに落とし込み、それを武器として日本社会の中で上昇しようとした青年は何をめざしたのか。そしてこの青年がなぜ協会幹部を怒らせたのか。大相撲とは異なるもう一つの国技相撲が生まれた経緯を、八尾の半生と重ねながら考えていくことにしよう。

台湾で始めた巡回指導

八尾秀雄の本籍地は奈良県だが、出生地は不明である。彼の著書の略歴によると、一九一〇年代に父親が台湾各地の小学校で相撲を指導するようになり、八尾自身も一九一八年（大正七）、一二歳の時から同行して技術を体得したというから、台湾生まれの可能性が高い。

だとするなら、そもそも彼の父親はなぜ植民地に住んでいたのだろうか。はっきりした記録はないが、該当しそうな人名が台湾総督府の公文資料上で見つかった。その人物は一九一三年に台湾南部にあった刑務所の看守の職を辞しており、その際、勤続一五年で表彰されている。もし彼が秀雄の父親なら、来台後長く勤めた公務員をこのとき何らかの事情で辞め、相撲の巡回指導で生活の糧を得ようとしたということになるが、確たる証拠はない。

ところで、八尾秀雄は二〇代前半まで「木村秀雄」と名乗っていた。「木村」姓で活動したのは一九三二年（昭和七）初頭まで、それ以降は「八尾」に変わっている。姓を変更した経緯は不明だが、「八尾」は公的な資料にも記載されているので、ペンネームではなく本名であろう。

そこでまず「木村」時代の具体的な活動をみてみよう。当時の『台湾日日新報』に木村の名が初めて載ったのは一九二三年（大正一二）九月二七日、彼がまだ一七歳のときである。地方の情報を載せる通信欄に、南部の街、嘉義のニュースとして、次の一文が小さく報じられている。

木村秀雄君は恒例に依り、来る二十七日晩から中央噴水横の空地で子供相撲の土俵を開いた。

おそらくこれは、木村青年が主催したごく小規模なイベントである。日本人や漢人の少年たちを集めて相撲を教えたり試合をさせたりしたのだろう。父の死後は弟の三千夫とともに仕事を継いだというから、この時点ですでに現場では兄弟二人だけだったのかもしれない。嘉義は南部の比較的大きな街で、木村一家は当時ここに居住していた形跡がある。この記事は四〇字ばかりの消息だが、嘉義を拠点にささやかな日々の糧を得ていたようすがうかがえて興味深い。

また木村は、島の東部での活動も目立つ。一九二〇年代後半から三〇年代にかけて、花蓮港庁・台東庁で先住民の児童のべ一万四〇〇〇人を対象に指導した、と本人は記している。

では、彼らが巡回した花蓮・台東地域とはどのような場所だろうか。一九二〇年代の行政区分でいう花蓮港庁・台東庁は、太平洋に面した台湾東部にある。平野が広がる西部とは対照的に、海岸線まで切り立った断崖が迫るような険しい地形が続く一帯である。

この地域には、もともと「高砂族」と呼ばれたオーストロネシア語族系の先住民（アミ、パイワン、タイヤル、ブヌン、プユマ族など。現在の正式な中国語の呼称は「台湾原住民族」）の集落が点在していた。一九世紀末、日本が台湾を領有すると官営移民事業が始まり、日本人の農業移民が入植したほか、台湾各地から樟脳・砂糖事業に従事する漢人労働者も多数移入した。

一九二三年時点の人口は、花蓮港庁・台東庁あわせて先住民がおよそ五万五〇〇〇人、漢人が二万六〇〇〇人、日本人が一万五〇〇〇人ほどである。先住民は山麓に、漢人は平地に、日本人は港湾周辺にというふうに、三者のあいだにはそれぞれ住み分けがみられた。

また、総督府の政策によって児童が通学する初等教育機関も二つに分かれており、現地の漢人や先住民は「公学校」、日本人は内地と同様に小学校に通っていた。木村たちが先住民の児童に相撲を教えたのなら、おそらく公学校を訪ねたはずだ。

それを裏付ける資料もある。プユマ族の子弟が通学した卑南公学校（現在の台東県立南王国民小学）の記録によれば、一九三〇年（昭和五）の二月から児童が相撲の練習を開始、「木村相撲教師」の指導を受け、四月には台東相撲大会にA・B二組で参加したという記述がみられる。おそらくこの教師は木村秀雄と考えてよいだろう。

また、一九二六年（大正一五）の『台湾警察協会雑誌』（一一二号）には次のような記事がある。

能高団は野球の外に相撲部を組織し、其の手腕を試すべく一三日花蓮港出発、西部台湾遠征の途に上り一四日着北した。素より団員は花蓮港農業補習学校の生徒さん達で、一校は坂本校長・村富助教諭・木村相撲教師に生徒八十一名、其の年齢は十五六歳を多とし、最長者二十歳迄のアミ族蕃人で、野球選手十四名相撲選手二十名を擁している。

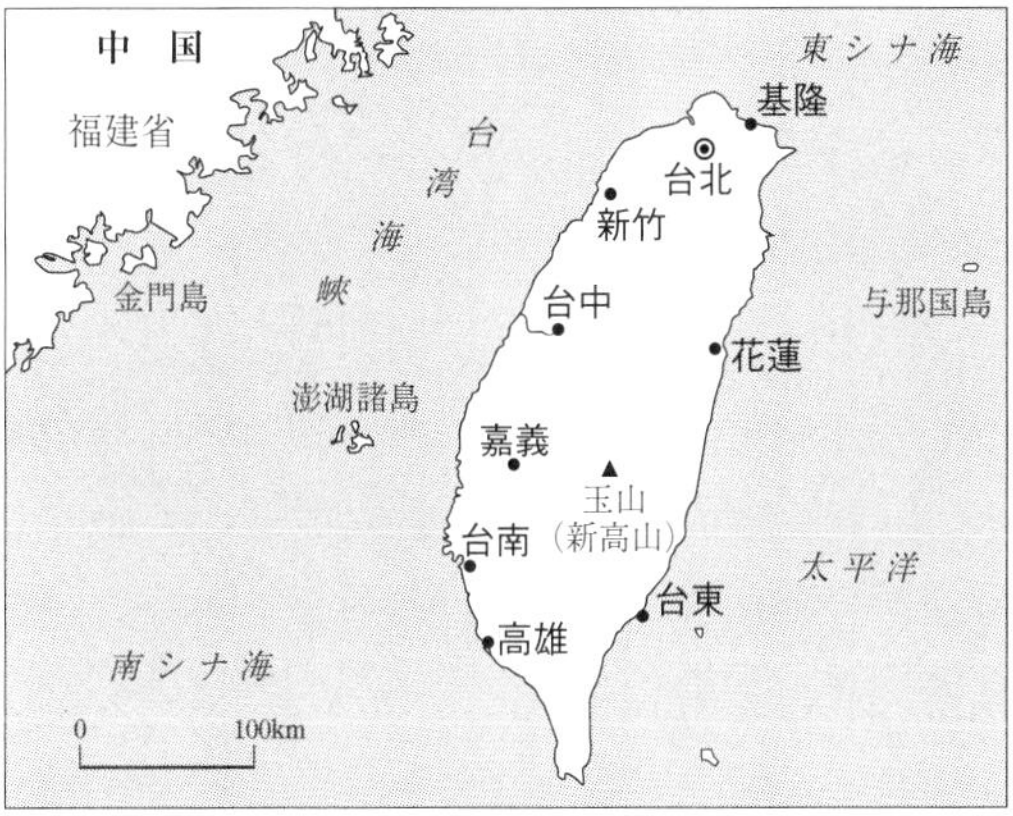

台湾略地図

能高団とは、花蓮港庁長の江口良三郎が一九二〇年（大正九）に結成したアミ族を中心とする先住民の野球チームである。能高団は実力派として知られ、一九三一年に夏の甲子園大会で準優勝まで勝ち進んだ嘉義農林学校（現在の国立嘉義大学、映画「KANO」（二〇一四年）のモデル）にも有力選手を何人も送り込んでいる。記事によると、その能高団には相撲部も併設されており、木村が指導していたということがわかる。

相撲で家族を支える

このように木村秀雄は、一九二〇年代から三〇年代初めにかけて地方の街を転々としながら、ひたすら少年たちに相撲を教え続けた。教える相手は日本人、漢人、先住民とさまざまで、中部の員林・埔里・南投、南部の嘉義・高雄・屏東、東部の花蓮・台東というふうに、なぜか中心地の台北周辺には近づかず、もっぱら中南部と東部をくまなく廻っていたようだ。

ここで具体的な活動内容をみてみよう。彼の相撲指導は、「相撲講習」と「相撲大会」の二パターンに分けられる。

相撲講習とは、同じ場所で何日間か連続でおこなう指導である。たとえば一九二九年（昭和四）七月の台東では、一〇日間にわたり小学校や公学校で実施している。科目は理論と実践の二種類で、理論では「相撲の長所と短所」「受け身の型」など、実践の項目には「相撲体操」「技の研究」「相撲舞踊」「審判法」などが並んでいる。

このなかで目を引くのは「相撲舞踊」だろう。なかなかユニークなネーミングだが、これは主に「土俵入行進」「相撲行進」「取組行進」「弓取り式」「横綱土俵入り」などで構成されているので、音楽に土俵入りや弓取りの振り付けをしたものと考えてよいだろう。同年『体育的相撲舞踊』という初めての単著を台湾で出版したと本人は述べており、これは後年完成させた「相撲体操」の原型だという。

講習と銘打つと堅苦しいイメージだが、台東小学校での講習などは夜間に開催し、台東神社の土俵でおこなった。夏の夜に神社で相撲となると、大人の見物客も喜んで見に来たに違いない。実際に賑やかな「納涼少年相撲」のようだったと、新聞記事は書いている。

こうした学校や地域ごとの講習の成果を発表する場として設けられたのが、相撲大会だった。たとえば一九二九年の同時期、南部の高雄では、屛東の「少年相撲団」二組が対抗試合をおこなっている。試合といっても、プログラムには勝ち抜き戦のほかに相撲体操や土俵入りも組み込まれており、およそ三時間半に及ぶ草相撲のような催しものである。

日本人が多く住む街の広場や神社、あるいは山間部の先住民の集落、小学校や公学校の校庭。木村は弟とともにどこにでも出向き、講習や大会の企画と当日の設営・進行などを仕切ったようだ。現在の感覚でとらえると、個人経営の相撲イベント業者といってもいいだろう。

しかしこんな浮き草稼業では、安定した生活は望むべくもない。一九二八年初頭の『台日』に、彼の家庭の事情がうかがえる記事が掲載されている。

相撲の行司、少年相撲の先生、テニスマンとしての木村秀雄君と云えば相当知っている人があることと思うが、同君は三年来、病床に臥せっている母と八人の小さい弟妹たちを一本の腕で養い慰めて来たが、少年相撲の授業料では其日の糧にさえ差し支えることがあった。

木村はこのとき二二歳。すでに一〇人家族の家長として、その責任が両肩に重くのしかかっていたのである。

どうかして相当の収入を得て弟妹だけには人なみの学問をさしてやりたいと焦慮していたが、遂に大なる決心の下に病母とも相談し、中等学校の体育教師の資格を得べく、血の出る様にして貯蓄した僅かな金を残し、一九歳になる妹に病母の世話を頼み、苦学する為雄々しくも一六日の蓬莱丸で上京した。

（『台日』一九二八年一月一日）

記事によると、木村の窮状に同情したテニス仲間が、経済的支援を周囲に呼びかけているという。何とかして今より良い仕事を得たいと模索する木村の姿に心を動かされたのかもしれない。ちなみに、一九三四年に出版した単著『学童相撲指導法』には、「亡き父母の墓前に捧げ冥福を祈る」と書かれているので、ほどなくして母親は看病の甲斐なく死去したとみられる。

しかし、木村が内地の学校に入学した形跡はなく、同年末からは再び台湾の地方都市で巡回指導や素人相撲大会の審判として活動している。その後の職歴をみても、正規の教員としては勤務しておらず、日本での教員資格取得の夢は果たせなかったようだ。いずれにしても、こうした境遇をみると、この青年にとって相撲とは、自分と家族が食べていくための唯一の生活手段であったことがわかる。「生きるための相撲」というストイックな向き合い方を、彼は選ばざるを得なかった。

学生相撲にもの申す

一方、同じ台湾にいながら木村とは異なる立場でアマチュア相撲に親しむ日本人もいた。たとえば、高等教育機関に通う学生たちである。

大正期以降、台湾の日本人社会でも内地と同様に近代スポーツの愛好者が増加し、これを受けて一九二〇年（大正九）、総督府の指導により台湾体育協会が設立された。協会は、陸上競技、水泳、野球、テニス、相撲などの島内のスポーツ振興を目的とした組織で、総督府の官僚や財界の有力者などが理事や支部長に名を連ねている。学校や職場単位の対抗試合を開催するなど、日本人主体の体育活動を実施した。

相撲についていえば、内地では大正期から全国的に学生相撲がさかんとなり、一九一九年からは現在に続く学生相撲選手権大会第一回が開催されるなど、盛り上がりをみせていた。台湾でも毎年、中等部（高校）と専門部（大学）の学校対抗相撲大会が恒例となり、台北高等商業学校や台北医学専門学校などの学生が技を競っていた。

台北帝国大学。1928年３月設置。『日本地理大系11台湾篇』より

一九二八年（昭和三）五月二〇日、この学校対抗相撲大会で、ある騒動が起こった。台北高等商業学校と台北帝国大学附属農林専門部の試合中、勝負審判の判定に学生らが不服を申し立てたため紛糾し、高等商業の学生が抗議の意を示して退場する事態となったのだ。結局当日は判定の結論が出ず、一時間半以上も膠着状態が続いた末、閉会したという。

この件に関し、『台日』には体育協会を批判する記事が連日掲載された。それによると、今回の件のみならず、協会関係者の学生相撲に対するこれまでの不誠実な態度が、退場という行動につながったという。学生たちは、協会の理事や委員が相撲を知らないばかりではなく、会場で酒を飲み、居眠りをするなどの「興行的気分」で試合を見る態度に我慢がならなかったというのだ。幹部たちは大会終了後、そのまま料亭に移動して酒宴を開くのが恒例だという噂もあった。この記事内容が本当なら、彼らは学生相撲大会を、まさに大相撲観戦さながらのお祭り気分で楽しんでいたことになる。

この一件に関して、同年五月末、木村秀雄は『台日』に「学生相撲に就いて」という一文を投稿している。木村は前年の大会では審判員を務めたが、この年は母親の病気のために参加していなかった。彼は、学生や審判や協会を責める世間一般の声とは異なる視点から次のように述べている。

私は第三者の立場から考えて、神聖なるべき相撲道を穢された此の問題を単に学生や行司の罪だとは考えたくないのです。これは国技館相撲に於いても今問題になって居る審判制度が生んだ紛擾であると私は断言するに躊躇しません。

木村はここで、土俵上の主審以外の、たとえば土俵下の四方に座る審判員は「「無用の長物」とまでは云わないが、なくてもよいもの」として、次のように続ける。

所謂輸入競技を見た眼から見れば、相撲の審判法は実に幼稚で不完全なものであります。狭い土俵で僅か二人の選手が争う勝負の判定位、正審一人で完全になされる筈であります。

（『台日』一九二八年五月三〇日）

つまり木村は、相撲の審判も欧米の合理的なスポーツにならうべきだといっている。さらに、審判は人格的にも技術的にも周囲が敬意を払うような人物が務めれば、今回のような不祥事は回避できるはずだという。ここでの彼は、こうした審判制度の質的改善を体育協会に求めており、どちらかというと学生の立場に立っているようにもみえる。

しかし、翌二九年一〇月二日の『台日』の投稿では、「学生相撲の選手に望む」というタイトルで学生の土俵上の態度に厳しい指摘もしている。

「相撲の直接の目的は体育にありますが、精神を修養すると云うことも相撲の目的の一つであります」と切り出した彼は、学生たちの「相撲精神に悖るような態度」を具体的に挙げている。

これによると台北の学生相撲では、「相対して踞《しゃが》んでいるにもかかわらず急に立って相手に背を向けて四股を踏む」「相手を倒した其の上にのしかかって故意に押さえつける」「投げられた共のくやしまぎれに相手を蹴る」などの「相撲精神を没却するもの」が横行しているという。さらに「勝った者自身が土俵の真中で両手を挙げて万歳を唱える」ことにいたっては「教養ある学生選手の取るべき態度ではない」と手厳しい。上杉謙信が武田信玄に塩を送った故事を挙げて「敵を愛する武士道的精神」を持つべきだと学生を叱っている。

体育協会には近代スポーツとしての審判制度を、自分と同年代の学生たちには武士道にも似た「相撲道」を求める二三歳の木村秀雄。台北のエリートたちがたしなむお遊びの相撲と自分が指導者としてめざす相撲道は違う、というプライドも見え隠れする。スポーツの合理性と相撲道の精神性は、次節で述べるように八尾秀雄の相撲論に一貫する基本理念であり、そこにブレはみられない。

幼い頃から生きるために相撲と向き合ってきた彼にとって、体育協会と学生たちにみられる緊張感の欠如は、どうにも相容れないものだったのだろう。彼が台北を避けるようにして地方で活動した背景には、こうした「たたき上げ青年」の意地もあったのかもしれない。

2　異民族に教える国技

八尾の学童相撲論

前節で述べたとおり、木村秀雄が八尾秀雄の名で活動を始めるのは一九三二年（昭和七）、二六歳のころである。母親の死後、彼の生活環境に何らかの変化があったのか、この時期から大阪や東京など内地に出向くことが多くなった。また、台湾では少年相撲だけでなく、成人を対象とした「素人相撲大会」も企画・実施している。

この年の二月に高雄で開催した相撲大会では、主審一名、副審二名による新式の審判制度を試行したほか、立ち合いの「待った」を禁止し、審判の「拍手」の合図に合わせて立つなどの新ルールを導入している。この時期、八尾は、体育理論などの学術的な知識をどん欲に吸収したと考えられる。彼は次第に相撲イベント業者から本格的な相撲指導者へと姿を変えつつあった。

一九三四年、二八歳の八尾は東京市内の小学校を巡回して指導をおこない、同年秋には東京の出版社から『学童相撲指導法』を出版した。五年前に台湾で出したという『体育的相撲舞踊』はおそらく私家版なので、こちらが彼の初の刊行書籍といっていいだろう。

『学童相撲指導法』は、学童相撲の教師向け指導書である。目次をみると、「児童体育」の概説から始まり、相撲のもつ身体的・精神的価値、学童相撲の意義と指導法などの体育理論が並ぶ。次の実践編では、疲労回復法やケガの手当て、衛生上の諸注意、褌の締め方から土俵の作り方、準備体操や相撲体操、競技法や技の解説を詳細に述べている。全体的に論理的で簡明な文章である上に、体操や技の説明で写真やイラストを多用したり、巻末に相撲の故実や競技規則なども掲載したりと、新米教師もこれ一冊で事足りるような使い勝手のいい仕上がりになっている。

この指導書の序文で、彼は「多くの場合其の指導法としての組織立った理論も方法もなく、唯漫然と放任的に取らせている」という教育現場の相撲の現状を問題視している。そうした「無秩序な無方針なやり方」では、「体育的にも又教育的にも寒心すべきことで、引いては国技の名を汚し、其の奨励上にも支障をきたす」という。

確かに八尾のこの指摘は核心をついている。なぜならこの時期、アマチュア相撲の普及とともに学童相撲にもブームが訪れつつあったにもかかわらず、依然として体系的な指導法が存在しなかったからだ。一九三三年には、「明治神宮体育大会」という当時国内で最も大規模な総合体育大会の競技種目にも組み込まれるほど競技者が増加しており、体育関係者は指導法習得の必要性を実感していた。この時点でまだ相撲は小学校体育の正規の種目ではなかったとはいえ、指導書の出版はやはり時宜を得たものだったといえよう。

さて、それでは八尾が提唱する学童相撲とはどのようなものなのだろうか。彼は教育雑誌に掲載された論考で次のように書いている。

> 真の相撲道を生かす意味に於いて、従来の習慣にこだわらぬよう、時代錯誤に陥らぬよう、形式倒れにならぬよう、新体育の思潮に歩調を合わせて、児童の身心に適応するよう形式方法を改良して行かなければならぬと思う。
>
> （『台湾教育』四一三号、一九三六年）

彼は児童の興味・関心を重視し、子どもを楽しませながら、身体のさまざまな能力をバランスよく発達させるための相撲をめざしていた。それは「新体育の思潮」、すなわち明治以降、教育現場に導入された欧米の体育理論や、一九二八年から普及する国民保健体操（ラジオ体操）の理念と同じものである。「勝つため、見せるため」の興行相撲とは異なるもうひとつの相撲の実践を提唱していることがわかる。

教育現場の相撲がこうした近代体育を志向するのなら、それと逆行するかのような大相撲と距離感が生じるのはある意味当然であろう。八尾はこう述べている。

相撲と云えば直ちに大相撲を連想し、村相撲のやり方をそのまま真似たりする者があったが、それではいけないと思う。職業としての相撲又は祭か何かの余興として行う相撲と、教育的に体育的に児童の心身を陶冶する目的で行われる相撲とは、自らそこに何か違ったところがなければならない筈である。

（『台湾教育』四一三号、一九三六年）

おそらくこの意見にうなずく教育関係者は多くいたことだろう。一九二五年の大日本相撲協会発足後、大相撲でもルールや審判制度の改正などマイナーチェンジはされてきたものの、それ以上の近代的な刷新は望むべくもなかったからだ。

しかし、大相撲界も教育分野への進出に関心がなかったわけではない。一九三三年、大日本相撲協会も、「相撲基本体操」と称する協会版相撲体操を発表した。これを考案したのは、一九二〇年代に「阿久津川《あくつがわ》」のしこ名で活躍した佐渡ヶ嶽《さどがたけ》高一郎である。本名は永井高一郎、一八九七年（明治三〇）

生まれで最高位は前頭筆頭、一九二九年（昭和四）に引退して年寄佐渡ヶ嶽を襲名した。一九二三年（大正一二）ごろから青年相撲の指導を開始し、一九三〇年（昭和五）に相撲基本体操を完成させ、各地で指導にあたった。

　とはいえ、もともと佐渡ヶ嶽自身は大相撲界では異端児の扱いを受けていた人物で、必ずしも彼の活動が協会の意向を反映したものとはいえない。協会としては、学童相撲ブームに対応するために、とりあえず彼の相撲体操を前面に押し出してみたというところだろう。

　佐渡ヶ嶽の相撲体操の原点は、力士としての貧弱な体型を、四股や鉄砲という基本練習の反復によって克服したという自身の経験にある。そのため彼の相撲体操は、塵手水《ちりちょうず》や仕切りなどの人相撲の所作と、プロ養成のための基礎トレーニングを合わせたような内容で、相撲史研究者の新田一郎氏のことばを借りれば「大相撲の縮小版」ともいうべきものだった。

　一方の八尾は、子どもが興味を持って多様な技を学ぶことを許しており、そのなかから個々人に適した技を発見し、工夫して用いることを推奨している。また指導者には、児童各人の体格や気質に合った技や戦法を選んで指導するよう求めている。初等教育に相撲を導入するなら大相撲とは一線を画すべきという意見が大勢を占めた当時の教育界からみれば、佐渡ヶ嶽より八尾の合理的な指導論に軍配が上がるのは自然の流れだったかもしれない。無名の青年が東京で単著を出版できた背景には、そんな「脱・大相撲」をめざす彼に賛同する教育関係者の後援があったものと思われる。

植民地経験と相撲

　こうして八尾秀雄は、二〇年代後半からいち早く体育としての相撲の重要性に着目し、指導法の必要性を説いた。では、なぜそのようなことが可能だったのだろうか。それはおそらく彼が台湾育ちの日本人だったことと無関係ではないだろう。ここで彼と相撲との関係性を、植民地という場所に軸足を置いて考えてみよう。

八尾が育ったのは、日本が領有して間もない明治末期から大正期の台湾である。第二章でも述べたように、一九一〇年代前半になると、台北には四万人近い日本人が居住し、コミュニティが形成されつつあった。しかし、地方都市では多くても人口一万人程度で流動性も高く、成熟した日本人社会が成立していたわけではない。台北とくらべると大相撲興行の巡業回数も少なく、また内地の子どもたちのように幼いころから近所の遊び相手と相撲をとったり、村祭りなどの地域の行事で相撲に親しく接したりする機会もなかっただろう。

前述のとおり、八尾は「相撲と云えば直ちに大相撲を連想し、村相撲のやり方をそのまま真似たりする」ような学童相撲であってはならない、と書いているが、そもそも彼自身が、大相撲や村相撲を幼少期の記憶に刻むことができない環境で育ったのである。たとえば内地の村祭りで相撲を取ったり見たりした子どもなら、実際に身体で憶えた相撲の記憶だけではなく、人々の歓声や行司の声、素人力士の立ち居振る舞い、祭りの太鼓の音や季節の匂いまで思い出すかもしれない。

しかし、おそらく植民地育ちの八尾秀雄にはそういう記憶は希薄なはずである。この時代の多くの日本人少年が血肉化しているであろう相撲も、彼にはどこかよそよそしさをともなうものだったのではないだろうか。そのような生い立ちが、彼の相撲観に影響を与えていると考えられる。

さらに異色なのは、その植民地青年が父とともに最初に取り組んだのが、漢人や先住民という、日本の相撲を知らない異民族に対する指導だったことである。

たとえば漢人は、相撲に似た遊戯や競技が中国には少ないうえに、人前に褌をしめた裸体をさらすことに強い羞恥心を覚えるのが一般的であった。一方、先住民のなかには、島の東南部に多く住むプユマ族のように、組み合って相手を倒す伝統競技を継承する民族もある。この競技は日本統治期には「マピーピー」とも呼ばれていたが、土俵を作らず、相手の頭髪をつかんで引き倒す技を持つなど、相撲との相違点も多かった。つまり八尾の眼前にいるのは、幼少時から日常的に相撲に親しむ内地人とは異なる「身体」を持つ児童たちだった。

大阪市立精華小学校（現在の大阪市立南小学校）での相撲体操。『小学生相撲読本』より

日本法制史の研究者で、相撲史研究でも業績がある新田一郎氏は、本格的な競技経験のない八尾について、「外部的な視点から相撲を観察し、内側からの像とは異なる「相撲」像を示して、「外部の素人」のためのガイドとしたのであった」と書いている（『相撲——その歴史と技法』二〇一六年）。これは「大相撲という内側」と、「アマチュアという外部」を対照して述べたものであろうが、同時に「日本という内地＝内側」と、「植民地という外地＝外部」ととらえることもできよう。

つまり八尾は、アマチュアであるばかりでなく、大相撲の力士たちや内地の少年たちのような「内側」の身体感覚を持たない「外部」の場にいる青年ともいえる。そのような彼が、さらに「外側」の、自分と身体感覚を共有しない異民族の子どもたちに相撲を教えたのである。

るだろう。

レコードのメロディにのせて

「外部的視点」で相撲を観察した八尾が、「外部の素人」である異民族の児童に示した相撲像とはどんなものだったのか。その一端は、彼が父の遺志を継いで完成させた「相撲体操」に見ることができるだろう。

八尾は著書『小学校新体育相撲体操と競技法』(一九三五年)で、相撲体操とは「従来個人的に指導していたものを、団体的に指導の出来るように、而も小学校児童を対象として組織構成したもの」で、「相撲の体操化」であると述べている。学校で多数の児童を相手に指導する場合、個人指導を基本とする相撲は時間内におさまらない。そこで四股や脚押し、下段の構え、仕切りや押しなどの基本型を、集団体操として再構成し効率的に教えようとしたのである。その背景には、文化的差異のある異民族の児童を手際よくコントロールしなくてはならないという現実的な問題もあったはずだ。

さらに彼は、児童の興味を引き出すために、体操に音楽をつけた。もともとは既存の学校体操を相撲の準備運動や整理運動としておこなっていたが、のちに学校体操と相撲の基本動作を組み合わせ、メロディにのせて連続的に行えるよう工夫を重ねたものだという。

それればかりではない。彼は一九三五年(昭和一〇)、日本コロムビアから相撲体操のレコードを出している。A面は「児童相撲体操」、B面は「讃えよ国技」という曲で、二曲とも作曲は台湾の花蓮港高等女学校教員の岡本新市が担当、B面は八尾自身が書いた歌詞つきである。「讃えよ国技」について、彼は「相撲体操というよりは、寧ろ歌詞が主である」といっているが、これも基本運動の一部を組み込みつつ遊戯として楽しませるのがねらいだ。しかも「讃えよ国技」は、レコード化に際し従来の曲を使用せず、岡本が新たに楽譜を書いた。旧版とくらべてみると、合いの手が入って一層リズミカルなものに進化している。振り付けを真似ながら口ずさむと、クセになりそうな曲調だ。現在ならさしずめ「どす恋ダンス」というところだろうか。

つまり「相撲の体操化」とは、学校体操やラジオ体操を参照した上で、相撲の伝統的な所作や技を一度分解し、合理性という尺度に基づいて組み立て直す作業であった。あたかも小学校に入学した児童が初めて習う体操のように、相撲もまた一から学びとる体育として八尾は扱ったのである。さらにそこにオリジナルの歌や音楽まで加えるとは、きわめて斬新ともいえるが、無謀とみることもできよう。次節で述べるように、相撲協会が後年最も激しく批判したのは、この「相撲の体操化」という行為だった。

いったいなぜ八尾は、相撲を解体・変形することに躊躇しなかったのだろうか。もちろんこれを、彼が意欲的に吸収した近代体育の知見によってなされた教育上の「工夫」とみることもできるだろう。しかしそれだけでなく、やはり植民地青年にとって相撲とは、こんなふうにドライに割り切れるような他者性をもつ対象だったのだと思えてならない。

そしてまたこの体操は、相撲という遊び体験をもたない異民族の児童にしてみれば、特に不自然さや違和感もなく受け

「讃えよ国技」の楽譜。『小学生相撲読本』より

入れられるものだったであろう。一九三〇年代後半、そうした「体育としての相撲」が、大日本帝国の外側にいる八尾と異民族の児童によって生み出されたのは、偶然ではないのかもしれない。

台湾の台中州田中公学校での相撲。『小学生相撲読本』より

漢人児童に国技を

東京で活動していた八尾は、一九三六年（昭和一一）、三〇歳のときに台湾に戻り、中部の台中州員林郡にある田中公学校に体育主任として赴任した。台湾総督府職員録の記載によると、彼の職位は「教員心得」で、正式な教員ではない。月給は五〇円、翌三七年には同じ員林郡の渓湖公学校でやはり教員心得として一年間勤務している。期限付きの「教員心得」とはいえ、念願の体育教師の職に就いたことは、彼にとって大きな自信となっただろう。

八尾が公学校に着任したのには、明確な目的があった。漢人の児童に定期的かつ段階的に相撲を教え、身体能力や精神面の変化を記録・分析しようというのである。これまで独自のメソッドで実践してきた指導の有用性を、客観的なデータで立証したいと思ったのだろう。三七年、公学校の日本人教員二名との共同研究として、員林郡で開催された教育関係の研究会でその成果を発表している。

この台湾中部の公学校二校は、いわば「相撲教育実験校」として選ばれたわけだが、その選定の経緯は明らかではない。ただ、三〇年代前半から文部省が教育現場に剣道、柔道などの武道教材の導入

の四点。意外にシンプルである。

なかでも彼は「裸」に日本精神の本質をみているようだ。「凡ての衣服を脱して赤裸々の人間本然の姿に立ちもどり、其の技を競い、其の力を角するのであるから、人間として再び遠き昔の吾々の祖先に立ち還らせ」るものであるともいっている（『台湾教育』四〇九号、一九三六年）。裸で相撲を取れば、遠い祖先の純粋さを体感できるというわけだ。

また一方で、一部の日本人が「欧米人の忌む裸体で競技すること」を、「日本人の野蛮性の発揮」であると嫌悪していることを嘆いている。「日本独特の国技相撲」なのだから衣服の着用など絶対に許されない、というのだが、そうはいいつつもやはり欧米の視線を無視できずにいるようでもある。

既述のように、中国文化圏でも欧米と同様に人前で裸体をさらすことを恥辱としていた。そのうえ褌を身につけるとなれば、公学校の子どもたちが当初どれほど嫌な思いをしたか想像がつくというものだろう。しかし先生に逆らうわけにもゆかず、しぶしぶ何ヵ月も過ごすうちに次第に裸にも寒さにも慣れていく。一年が過ぎるころには羞恥心も消え、「潑剌」として「勇敢」に相撲を楽しむ立派な日本男児に生まれ変わる、というところだろうか。

八尾は自身の教育相撲について、「台湾の小公学校児童の協力によって出来上がったものとも云える」（『台湾教育』四一六号、一九三七年）と述べている。潑剌として裸体や褌を受け入れるようになった漢人児童をみたとき、彼は相撲によって「日本人」を育成する手応えを実感したのかもしれない。

八尾秀雄の「子どもたち」

このように「裸で相撲を取ると日本人になれる」という単純明快な相撲教育論は、植民地の日本人にとって便利な常套句だった。それは一九三七年（昭和一二）の日中戦争勃発とともに展開された一連の皇民化政策で、台湾人が心身共に「日本化」していることを何よりもわかりやすく示す事例でもあった。たとえば台北の公学校で男子が相撲をとる風景も、新聞記者の目には次のように映る。

国技相撲から日本精神を汲みとろうというのである。（中略）はじめは裸になるのをとても厭がった。殊に褌をしめるのをきらって困ったとのことである。現在ではどの公学校でも四年生以上の男子は体操の時間にちょいちょい相撲をやる。（中略）

身に一糸もまとわず、素ッ裸での肉と肉との闘い。この中にはたしかに廉潔な、素直な、しかも烈々たる攻撃心に燃えた日本精神が端的にもりあがっている。

（朝日新聞外地版（台湾版）一九三八年九月一七日）

この記事の見出しは「皇民化に彩る　四股踏んでハッケヨイヤ」と、やけに弾んでいる。おそらく当時の日本人にとって、台湾人児童が褌ひとつで相撲を取って喜ぶ姿は、国技うんぬんというよりも、理屈抜きで微笑ましく誇らしく、安堵する光景だったのではないだろうか。台湾総督府は、「高砂族」と呼ばれた先住民にも、教化の一環として相撲を奨励していた。帝国の一番外側にいる子どもたちが、一番内側の内地の村の子どもと同じように遊んでいる。支配者たちはこうした「明るい日本化」を好んだのだろう。

皇民化という追い風を受けた八尾秀雄は、このころ多忙な日々を送ったようだ。指導対象が児童にとどまらず、小・公学校教員向けの講習会を担当する機会も増えたからである。八尾はすでに活動拠点を大阪に移していたが、台湾にもたびたび戻り、指導者向け「教育相撲講習」をおこなっている。
また彼は教育相撲の準備体操、基本動作、技、試合の方式などを、学年別に教導細目として作成したほか、土俵の縮小、「待った」の全廃、立ち合いの際の合図の導入など、大相撲とは別個の改革案を提示した。一九三九年には、台北州各市部で彼の改革案に沿った審判規定による児童相撲大会をおこなうよう州教育課が各校に通知している。

その結果、台湾には八尾の指導を受けた「八尾チルドレン」ともいうべき公学校教員が現れ始めた。あるチルドレンのひとりは、「素直な純一な日本人をつくる上には、国民性を密接に融合した教育相撲及び剣道が第一である」として、担任学級で積極的に相撲を指導した。その結果、児童の体位

1941年11月、花蓮港庁理蕃当局が開いた「高砂族蕃社対抗相撲大会」のようす。『相撲』第6巻12号（1941年12月号）より

が向上し、次のような変化がみられたという。

自分の子供等は此の相撲が大好きで、いたる処で右四つ、左四つになっている。又三年生の生徒は「先生相撲をおしえて下さい。」とたのみにくる、「よし、教えてやる。」と言えば喜んで走って行く。（中略）相撲によって日本人としての気魄を体得したのか、はきはきして来た。

（『台中州教育』七巻一二号、一九三九年）

ただ、このような教員たちも、必ずしも八尾が実験校で実践したような本格的な相撲教育をめざしたわけではなさそうだ。実際のところ、学校体操教授要目の改正後も、相撲は授業として教授する「武道」（剣道・柔道・薙刀・弓道など）の範疇には含まれず、あくまで指導の「奨励」項目にとどまっていた。そのためおそらく内地・外地を問わず多くの初等教育機関では、授業の余った時間などで「ちょいちょいやる」ような遊びの延長だったのだろう。むしろ武道とみなされなかったからこそ、時に鍛錬に、時に遊びにと、現場の教員が柔軟かつ気軽に運用できる教材だったのかもしれない。

それでは、当時の台湾の子どもたちにとって、相撲はどのような記憶として残っているのだろうか。たとえば一九二五年生まれの台湾人作家鍾肇政は、自叙伝ともいえる長編小説『八角塔下』のなかで、公学校時代の思い出を次のように書いている。

公学校時代の私にとって、「相撲」はなじみ深いものだった。二人の人間が組んで力を競う相撲は、遊びともいえるし、「国技」とも呼ばれていた。当時は体操の時間に先生がよく生徒に相

> 撲をとらせた。しかし小柄で非力な私は大抵真っ先に倒されてしまう。大相撲は好きだったが、自分で取るのは苦手で、授業中はいつも先生に指名されないよう縮こまっていたものだ。
>
> （鍾肇政『八角塔下』一九九八年、著者訳）

鍾肇政はまた大相撲について、「当時の人気力士は双葉山、玉錦、男女ノ川、羽黒山などで、みな私たちの憧れだった。本場所期間中は、毎日のように新聞に星取予想や写真が載ったので、私は一人一人の力士の顔をすべて憶えてしまった」と回想している。前章で述べたように、一九三〇年代後半には、横綱双葉山・男女ノ川一行も台湾を訪れており、少年たちも一層親しみを覚えたのだろう。

また、文学者で「台湾独立運動の父」として知られる王育徳（一九二四〜一九八五）も、一九三〇年代の公学校で実兄が相撲の手ほどきを受けた日本人教師について、こう記している。

> 下門先生の一番の懐かしい思い出といえば、恐らく台南市の小・公学校で初めて相撲の土俵をつくった一事であろう。先生ご自身が「大親玉」と名乗り、一人一人に「新高山《にいたかやま》」とか「濁水《だくすい》渓《けい》」とかシコ名をつけて、ハッケヨイ、ノコッタのかけ声も勇ましく、相撲をとらせた。ひっくり返ってベソをかくようなやつは、何回も何回も投げとばされた。フンドシ姿を恥ずかしがる本島人の旧観念も粉砕された。
>
> （王育徳『「昭和」を生きた台湾青年』二〇一一年）

「旧観念の粉砕」という表現は一種の諧謔だろう。鍾肇政や王育徳ばかりでなく、当時少年だった台湾人にとって、公学校での相撲は楽しさと違和感がないまぜになった複雑な思い出なのである。

しかし日本の敗戦とともに、あちこちの公学校に作られた土俵も姿を消した。人々が楽しむスポーツや遊びとしての相撲が台湾に根づくことはなかったのである。

3　大阪へ、そして満洲国へ

春秋園事件との接点

さて、前述のとおり、八尾秀雄は一九三〇年代後半に活動の拠点を徐々に関西に移しつつあった。このころ八尾は、後年満洲で共に活動する和久田三郎《わくたさぶろう》と親交を深めた可能性が高い。『台日』には、一九三二年（昭和七）三月、大阪で大日本相撲連盟という団体の選手権大会を見学した八尾のレポート記事が掲載されているが、大日本相撲連盟とは、同年一月に大日本相撲協会を脱退した和久田三郎らが結成した組織である。

和久田三郎は一九〇三年（明治三六）生まれ。「天龍《てんりゅう》」のしこ名で関脇まで務めた元力士である。一九三二年、天龍らは大相撲の現状を批判し、協会の財政面の明朗化、枡席販売などを独占する茶屋制度の撤廃、力士の待遇改善など一連の改革を唱えた。協会に要求書を提出した彼は、出羽海《でわのうみ》一門を中心とした三十余名の力士とともに品川大井町の中華料理店「春秋園」に立てこもった。あわてた協会は、回答案を天龍に渡して交渉を重ねたが決裂、三二名の力士が大日本相撲協会に脱退届けを出すという事態を招いた。これが「春秋園事件」である。

翌三三年、天龍らは大阪で「関西角力協会」という団体を結成した。大日本相撲連盟はその前身ともいえるので、八尾が大阪で見たのは「選手権大会」という名称の興行相撲ということになる。

協会に反旗を翻した天龍たちの大会は、取組をトーナメント制にしたり、行司を審判に、呼出を場内アナウンスに替え、力士の土俵入りには西洋音楽を流したりと奇抜な演出で観客をあっと言わせた。この大会を見た八尾は、「合理的で新時代に適応したもの」と大変好意的な意見を述べている。春秋園事件が起きた一九三二年といえば、前節で述べたように、八尾が台湾の素人相撲大会で審判制度を導入し、「待った」を禁止するなど革新的な試みを実践していた時期と重なる。八尾と天龍は新しい相撲のありかたについて意見交換をするような関係だったのかもしれない。

ところで、このころの資料を追っていると、三〇歳になったばかりの八尾青年がもつ華麗なる人脈に驚かされる。たとえば一九三六年九月に、東京の出版社から刊行した『小学校相撲の系統的指導』という彼の著書を例に挙げてみよう。当時彼は台湾の実験校に勤務するかたわら、同年の学校体操教授要目の改正に合わせてこの指導書を出版している。

春秋園事件。檄文の前で秘策を練る天龍

この本には三名の識者が序文を寄せている。東京高等師範学校附属小学校教諭の齋藤薫雄、大阪帝国大学医学部の樋渡雋二郎《ひわたりしゅんじろう》、大日本相撲協会取締（最高責任者）の藤島秀光《ふじしまひでみつ》である。齋藤は小学校訓導として体育に関する教育書を何冊も出版しており、樋渡は一九二三年（大正一

関西角力協会の解散会。中央に天龍。1937年12月22日

二）に「日本体育叢書」の一冊として『相撲』を著した人物。藤島は元横綱「常ノ花」、一九二六年（大正一五）に協会の不手際から、急ごしらえのちっぽけな賜杯を胸に抱く羽目になった、あの横綱である。

この本には他にも吉田《よしだ》章信《ゆきのぶ》（国立体育研究所医学博士）、加藤隆世（関東学生相撲連盟顧問）、彦山光三《ひこやまみつぞう》（雑誌『相撲』主幹）、徳永為次（吉田司家相談役）、大阪市内の小学校長などの名前が並び、八尾の謝辞が添えられている。吉田と加藤は、一九三四年刊行の『学童相撲指導法』で序文を書いており、そのころからの八尾の後援者とみてもよいだろう。

つまり八尾は、教育界や医学界などの近代的な相撲教育を支持する識者、教育現場の教師、相撲協会を中心とする大相撲関係者、相撲行司の家元関係者、さらには協会を脱退した和久田三郎のような異端児まで、全方位的な関係を持っていたことになる。

いったいなぜそのような人脈作りが可能だったのだろうか。八尾の教育・研究実績がそれほど評価されたからなのか、天性の社交性とコミュニケーション能力によって誰からも可愛がられたのか、それとも単なる強引な売り込みだったのか。そのあたりははっきりしない。ともあれ、彼がこうした人脈を駆使して台湾から内地に活動拠点を移し、これまで以上に相撲講習や著書出版の機会を得たことは確かである。

落成したばかりの大阪大国技館の内観。『アサヒグラフ』1937年６月30日号

大阪大国技館に勤務

一九三七年八月、三一歳の八尾は、おそらくこれまでの人生で最も安定した職に就いた。肩書きは「大阪大国技館教育相撲講習所長」、同年六月に開館したばかりの大阪大国技館内の部署の所長として勤務することになったのである。

大阪大国技館は、同年から一九四〇年まで大相撲興行をおこなった施設だが、それ以前にも大阪には別の国技館があった。一九〇九

大阪大国技館の正面外観。1937年6月、落成当時の撮影。1940年６月まで相撲が興行された。写真提供・毎日新聞社

大阪市内の繁華街、新世界に1919年に建築された大阪国技館。まもなく映画館に転用された

年（明治四二）に東京両国に作られた国技館の人気にあやかり、一九一九年（大正八）、市内の繁華街「新世界」に建てられた「大阪国技館」である。ここでは二〇年代後半まで大阪相撲が興行をおこなっていたが、大阪相撲の解散とともに国技館も映画館に転用されてしまった。

一方、大阪大国技館は、安定興行を望む相撲協会が地元の出資者を頼って旭区関目（現在の城東区古市）に建設したもので、敷地六〇〇〇坪、鉄筋コンクリート四階建てのドーム式、収容人員二万五〇〇〇人の大規模施設である。大阪市城東区役所発行の『城東見聞録』（二〇〇五年）によると、一九三七年六月にこけら落としとして開催された大阪準本場所は、連日「満員御礼」の垂れ幕が下がり、梅田駅と難波駅からは臨時バスが客をピストン輸送した。国技館前には相撲茶屋が建ち並び、道路には力士の名前を染め抜いたのぼりがはためいたというから、賑々しいスタートを切ったことがわかる。二ヵ月後に着任した八尾も、この威容を誇る施設に職を得たことをきっと誇らしく感じただろう。

さて、大阪での彼はどんな仕事をしていたのだろうか。ここでも主な仕事は、児童向けの教育相撲の普及にあったようだ。彼は一九三六年からすでに大阪市内の大宝小学校などで教員向け相撲講習をおこなっており、その後は近畿地方で広範囲に活動した。本人の書いた略歴によれば、三七年から三年間で教員三二〇〇名、児童五万六〇〇〇名を指導し、また三八年には「教育相撲」と題する相撲指導映画を監督製作したという。

相撲講習所長としては、国技館で大阪府の学童相撲大会を開催したほか、「相撲新聞」の発行も手がけた。相撲史研究家の山下和也氏によると、「相撲新聞」は毎月一回発行のタブロイド版で、発行元は大国技館内の相撲新聞社、編集人は八尾だという。新聞と名乗ってはいるものの、内容は大阪場所の告知が大半で、それ以外は八尾本人の著書の広告で埋まっている。大阪でも彼は一九三八年に『相撲基本の解説』、三九年に『相撲教範』と、たて続けに著書を発行しているので、「相撲新聞」は自著の宣伝にうってつけの媒体だったのだろう。

そればかりではない。『相撲基本の解説』には、「八尾秀雄先生考案」の「八尾式相撲褌・相撲マット」の商品広告まで掲載されている。両方とも「御推奨」として医学博士の木下東作や先述の樋渡雋二郎、齋藤薫雄などの名前が並んでいる。ちなみに褌には学童用、教師用があり、色は白黒二色、価格も一つ五〇銭の「学童用E」タイプから、教師向け最高級のAタイプ三円まで各種取りそろえている。相撲マットは四五円から五五円まで三種類もある。新案特許出願中というこの用具がどのようなものかは不明だが、それまで子ども用の褌や練習用マットが市販されていなかったのだとしたら、売れ行きも期待できたのではないだろうか。人脈だけでなくビジネスセンスも兼ね備えた八尾は、まさに順風満帆の大阪生活を送っていたようにみえる。

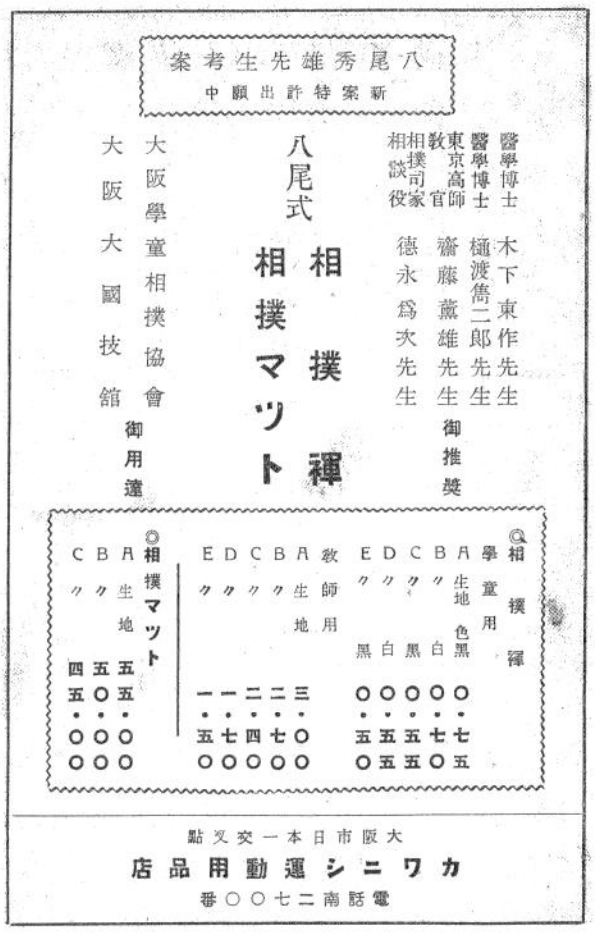

八尾式相撲褌と相撲マットの広告。『相撲基本の解説』より

協会のバッシング

一九三九年（昭和一四）から翌年にかけての八尾の活動は、著書出版のほかに、文部省体育研究所主催の研究会での口頭発表、造幣局相撲部の教科書作成、二本目の映画「相撲体錬法」製作と、息つく暇もないほどである。八尾によると「相撲体錬法」は「文化映画」として文部省の認定を受

けたという。この映画には当時の幕内力士、笠置山と櫻錦が特別出演している。レコードや映画という新しいメディアの活用は、彼の最も得意とするところだった。

しかしこのころ、一見すると快進撃を続けている八尾の前途に、暗雲がたちこめようとしていた。大日本相撲協会の彼に対する態度が一変し、公然と批判を浴びせるようになったからだ。

八尾への露骨なバッシングは、協会発行の雑誌『相撲』（三巻九号）の「相撲基本体操」と題する巻頭言から始まった。時は日中戦争勃発の翌年の一九三八年（昭和一三）。戦時期の軍需景気とナショナリズム高揚に加え、一月に双葉山が横綱になったことで、大相撲が未曾有のブームを迎えようとしていた時期にあたる。おそらく協会は、これを機に大相撲主導で教育現場に相撲を普及させようと目論んだのだろう。そこで一九三三年以来「協会版」と認定しておきながら、これまであまり関心を払わなかった佐渡ヶ嶽の相撲体操を、本腰を入れて後援する気になった。そうなるとまず排除すべき対象は、内地に拠点を移し、活動範囲を広げつつあった八尾秀雄である。

巻頭言を書いたのは当時の『相撲』主幹、彦山光三である。既述のように、ほんの二年前に八尾の著書に名前を連ねていた人物だ。国粋主義的な論調で知られる雑誌『日本魂』での記者経験もあり、国技相撲のありかたに強いこだわりをもっていた。ここで彦山はまず、佐渡ヶ嶽の「相撲基本体操」の正当性を述べたうえで、次のように書いている。

あれ（佐渡ヶ嶽の「相撲基本体操」のこと—引用者注）は単なる相撲の型であって、体操とするにはあたらない。あまりに強すぎる、堅すぎる、よろしくこれをより緩和して、より操練しやすく幼児にも適するようにすべし云々と唱え、自らこれを按配し、加減して新工夫なりとし、新考案なりとして自慰すると同時に、これこそ真の「相撲体操」なりと誇負・僭称して、世間に売り物にしている徒輩もあるように聞く。

（『相撲』三巻九号、一九三八年）

協会ご推奨の正しい相撲体操を勝手に子ども向けにアレンジし、あろうことかそれをオリジナルと称して世間を欺く「徒輩」。もちろんこれは八尾を指している。

前節で述べたように、「相撲基本体操」は佐渡ヶ嶽が自身の経験に基づいて考案し、大相撲の土俵入りや塵手水などの所作と相撲の型を一連の流れにのせていく形式のものだ。そのため彦山自身も、これを「体育科学的に論じたならば、純粋の体操なりとは云えないかも知れない」と正直に書いている。しかし、それでいいのだ、と彦山は強弁する。

彼等（八尾のこと―引用者注）は、根本的に一つの誤謬に陥っている。それは、相撲をより遊戯、もしくは体操にちかづけて、興味的ならしめ、娯しみ興じさせつつ、相撲に馴れしめようとするのであるが、外来新競技の普及・振興を計図するならばともかく、国技相撲にあっては、絶対にその要はない。相撲は徹頭徹尾、相撲的に演練せしむべきであって、ここにのみ国技相撲の本領があるのだ。相撲を体操にちかづけるのではない。あらゆる体操を相撲にちかづけしめればよい。

（『相撲』三巻九号）

「あらゆる体操を相撲に近づける」といわれても意味不明だが、ともあれ彦山は「その形を崩すとき、その魂をも失う」とも述べているので、崩れていない佐渡ヶ嶽の体操には日本精神が宿っているといいたいのだろう。
彦山の巻頭言に同調するような記事が、同じ号の『相撲』に載っている。「関西学童相撲所感」と題する記事で、八尾が指導する関西の学童相撲大会のレポートである。筆者の菅原彌吉なる人物は、大会の審判（行司）の服装をこう批判している。

四本柱、水引幕等、それぞれ故実に則って設備されてあるにも拘らず、行司のみはカッターシャツにズボン、裸足という姿で行司の役目をつとめている。まことに異様な姿で、これは実に不釣合であると思う。（中略）かく神聖なる土俵場において、行司がカッターシャツにズボンという姿では、単に見たさまから云っても面白くない。（『相撲』三巻九号）

菅原は他にも、試合中の審判の動きや副審の位置、物言いの少なさなどにも違和感があると指摘している。型くずれした学童相撲を見るに見かねて一言述べたと言わんばかりの態度である。

教育相撲とは「奇怪至極」

こうした援護射撃を受け、翌一九三九年には、ついに協会取締の藤島秀光みずからが「相撲道に対立なし」というタイトルで『相撲』に一文を載せた。ここで彼は協会推奨の「相撲基本体操」は「数千年の体験と工夫が集約している」もので、「その動作の一つ一つに重大な意義がある」と述べたうえで、次のように書いている。

然るに、近時、大相撲をもって見世物であると貶し、営利にのみ汲々たる興行物であるかのように誹謗する一方、別に、教育相撲などと銘うって、これこそ真に、正しい相撲であり、これ以外、学童・青少年等の演練すべきでないと断じておるおもむきでありますが、かかる言説は、ただ奇怪至極と申すほかはありません。

（『相撲』四巻八号、一九三九年）

しかし、四年前の八尾の著書『相撲体操と競技法』には、東京高等師範付属小学校でおこなわれた「教育相撲講習」を見学した藤島が、八尾とともにしっかり集合写真におさまっている。そればかりか翌一九三六年には、先述のとおり『小学校相撲の系統的指導』の序文を書いている。「相撲道の本諦を基本といたしまして、国技相撲をして学童に最も適実に指導し得るよう、周到なる用意と懇篤なる配慮のもとに叙述されております」などと八尾を持ち上げていたのだ。それにもかかわらず『相撲』では、続けてこう書いている。

相撲道は、日本精神と同様、二道なく、対立は絶対にありませぬ。ありとすれば、それは士角力以外の何ものでもありませせぬ。（中略）教育相撲などというものは、果たしてどんなものでありますか。私は、まだその内容については、全く存じませぬ。しかしかようなものは、過去、現在、未来を通じて、決して実在したことはなく、また存在すべき理由がありません。

（『相撲』四巻八号）

さすが元横綱常ノ花、変わり身の早さは人後に落ちない。協会としては、この一文でとどめを刺したということなのだろうか、その後『相撲』に、あからさまな八尾批判の記事が載ることはなかった。

満洲国へ

一九四〇年（昭和一五）のある日、傷心の八尾秀雄は京都に向かった。ひとりの知人に会うためだった。そのときのようすを、知人は自著で次のように書いている。

丁度私が、伊勢神宮と橿原神宮に参拝のため、京都に足をとどめていた時、八尾君が訪ねて来たのをみると、淋しそうな顔をしている。どうしたと尋ねると、

「永年相撲の教育的使命を鼓吹しつづけて来たが、どうも日本の相撲界は無理解すぎる。相撲協会の一部の者に非常な圧迫をうけて、到るところ道がふさがれてしまい、精も根もつきはててしまった。これ以上日本で仕事をしつづける気がしない。満洲の新天地で、自分の理想を思う存分のばしてみたいと思うがどうだろう」

という。私はその時思った。これは神様が、満洲国の角道を立派なものに育てあげるために、この人を引きあわせて下されたのにちがいない――。

（『相撲一路』一九四三年）

八尾が京都に訪ねた相手は、和久田三郎。四面楚歌の八尾に救いの手を差し伸べた人物である。既述のとおり、和久田は一九三二年（昭和七）、組織の刷新や力士の待遇改善などに関する要求書を大日本相撲協会に提出、その後協会を脱退し、大阪を拠点に置く「関西角力協会」を結成した。

しかし、角力協会は発足時こそ順調だったが、ほどなくして資金繰りに苦しむことになった。原因

のひとつは、地方巡業の不振である。勧進元を引き受けるような各地の有力者は、相撲協会と関係の深い者が多い。そのため、前出の山下和也氏の研究によれば、角力協会は地元の顔役との関わりを避けるため、プロモーターを頼らず、力士や行司が自ら手弁当で新たな巡業地を探し歩いたという。それでも思うような新規開拓は難しかったようで、和久田自身も「私たちのために肩入れする地方ボス、興行主、勧進元への圧迫の手が、漸次に強くなって行く」状態だったと後年回想している（『相撲風雲録』一九五五年）。

設立から五年後の一九三七年一二月、関西角力協会は解散した。残務処理を終えた和久田は、翌年一月、満洲国総務長官の星野直樹を頼って満洲に渡った。和久田と星野は一〇年ほど前、東京から下関までの車中で偶然出会って意気投合し、それ以来酒を酌み交わすような親しい間柄だったという。

星野の口利きで張景恵総理の私設秘書を務めた和久田は、同年、民政部内の満洲体育連盟の嘱託に就任、さらに在満日本人のアマチュア相撲団体を統合して「満洲角道会」を創設した。また、首都新京にあった国立建国大学で「角力」の授業を担当したほか、ソ連国境の青少年開拓義勇団への慰問と相撲指導にも力を注いだ。

そんな和久田にとって、一時帰国中に八尾と再会したことは、満洲での自身の活動の新たな展開を予感させるものだった。彼は次のように書いている。

言うまでもなく、少国民の相撲指導は重大な課題である。それには単に相撲の研究という以外に、教育上の注意深い研究が必要であるが、私は教育というものについては素人であり、従ってその方面には自信がない。学童の指導という大切な面に、大きな欠陥を感じていた矢先であるから、八尾君の出現は正に神の引き合わせであった。

「よし引きうけた。満洲国のために頑ばってくれ。満洲の天地にわれわれの理想を実現すれば、やがて日本にも実現が出来るのだ。お互いに手を握ってやろう」

と、かたい約束をした。

（『相撲一路』）

もともと和久田は「私はどうもこの相撲という文字のうちに、今までの相撲につきまとうすべての因襲と腐敗がこもっているような気がし、それへの反発からして私たちのこれまでの仕事にも「関西角力協会」の名を附した」（『相撲風雲録』）と述懐しているように、大相撲と袂を分かったときから、いわば新しい相撲を自身のアイデアや力量で実現させたいと考えていた人物である。角力協会の解散という憂き目にあったとはいえ、満洲で自由に相撲をデザインできる環境を手に入れたことは、彼に新たな意欲をかき立たせたのではないだろうか。

和久田にいわせれば、八尾秀雄は「日本における学童相撲の先覚者」として、「早くから教育相撲を提唱し、相撲体操を創案し、興行相撲とは截然区別された国民の相撲道を主張してきた」と評価できる同志である。大相撲関係者から「無理解な冷評」を受けて苦境に陥った八尾の境涯も、和久田には他人事とは思えなかったはずだ。満洲行きを勧めたのは、当然の成り行きといえるかもしれない。

一方、八尾は相撲協会からの排撃だけでなく、所属していた大阪大国技館が存続の危機を迎えるというさらなるピンチに直面していた。一九四〇年に入ると関西の他地域での相撲興行が増え、次第に赤字興行が続くようになっていたのである。結局大阪大国技館は、同年六月を最後にわずか三年で閉館、倉庫として転用されることになった。

完全に退路を断たれた八尾は、同年八月、中国大陸をめざした。三四歳で再び内地から外地へ渡り、新たなスタートを切ることとなったのである。

理想の相撲としての「角道」

このころ和久田は、満洲で自分が始めた相撲を「角道」と称していた。彼によれば、これは「角力」の角に「道の精神」を加えたもので、江戸期の勧進相撲以前の本来の相撲精神に基づいて、科学的かつ教育的に改良した「日本武道」なのだという。和久田は次のように述べている。

> 角道という文字を相撲にかえて用いたのは、やはり私の相撲革新に対する気持の働きなのであるが、相撲という言葉は、今日までにあまりに興行相撲の観念をうけすぎていて、武道的な気持に遠くなっている。このだらけ切った相撲気分を一掃して、古来の武道的な相撲道を満洲に復興するためには、相撲協会を連想するような名称はふさわしくない、角道としようではないかというのが、われわれの一致した意見であった。（『相撲一路』）

一九四〇年（昭和一五）一一月、満洲国の首都新京に総工費一四〇万円の道場施設「神武殿」が竣工した。これを機に角道は、柔道、剣道、銃剣道、弓道とともに武道のひとつとみなされ、和久田が創った満洲角道会も満洲帝国武道会の角道部として再出発した。

武道としての相撲を一から作ろうと意気込む和久田にとって、八尾はそれを下支えする頼もしい相棒だったといえよう。渡満後、八尾は角道部常任委員という肩書きを得たのち、さらに角道師範に就任、精力的な活動を再開した。

台湾や内地と同様に、満洲でも彼の活躍の場は子どもたちがいる小学校だった。一九四三年に出版した著書『国民相撲教育』には、奉天と新京の国民学校四校への謝辞が掲載されている。なかでも新京市大和通国民学校は、いわば「相撲研究学校」として、八尾が最初に満洲人児童に相撲を指導した学校だった。一九四二年に開催された満洲建国十周年慶祝武道大会では、この大和通国民学校の児童たちが日頃の稽古の成果を皇帝溥儀《ふぎ》に披露している。

このころ内地では、文部省が定めた「国民学校体練科教授要項」により、国民学校初等科五、六年に加え高等科一、二年男子の「体操及遊戯競技」にも相撲が導入されることになった。満洲でも内地と同様に国民学校の正課で相撲を扱うようになり、国技相撲の存在感はいや増すばかりだったのである。

これと時期を同じくして、八尾は「教育相撲」を「国民相撲」と呼ぶようになった。彼によれば国民相撲とは、「二十年来提唱してきた教育相撲をさらに強化」したもので、「相撲の武的本質」に重点を置いた国民学校向けの相撲である。和久田は、八尾のこうした時勢に沿った活動を「私の畢生の仕事としての角道確立運動の一翼」として、頼もしく見守っていたようだ。

では、彼らのいう角道とは具体的にどのようなものなのだろうか。赤澤史朗氏が前掲の論考で述べているように、それは関西角力協会や教育相撲など「一九三〇年代に浮上したさまざまの新型相撲」を、「独自の相撲＝武道論の立場からまとめ上げたような性格」を持っていた。

たとえば、力士の階級制度や審判制度の導入、立ち合いにおける「待ったなし」の厳守のほか、審判の服装を黒紋付き黒袴に統一し、「ハッケヨイ」ではなく「構えて」「用意」の声から二秒以内に「発」の一言で立たせるルールなどは、これまで内地で彼らが実践してきたアンチ大相撲の要素を合成したようなものである。

さらに和久田と八尾は、共著『角道教習指針』（一九四一年）で、相撲には「土俵を剣の峯とし、土俵外を奈落と想定する生か死かの真剣勝負」ととらえる「武の精神」が浸透していると述べている。このような戦時期の国粋主義的な精神論と、彼らがこれまで創ってきた新型相撲を合体させることで、「角道」という原理的で先鋭的な国技相撲が立ち現れたのだった。満洲という外地には、植民地育ちの八尾と大相撲界の異端児和久田が、こうしたドラスティックな国技相撲の実現を試みるために必要な自由な空間が準備されていたのだともいえるだろう。

さて、満洲で再び子どもたちの指導者となった八尾も、年を重ねてすでに三〇代後半である。台湾の地方都市で細々と相撲を教え歩いた頃から早くも二〇年以上の月日が過ぎた。著書『国民相撲教育』の「はしがき」からは、そんな半生を振り返りつつ、彼がそれなりに充たされた思いを抱いていることがうかがえる。

未だ相撲の教育化ということが現在ほど重要視されない時代から既に私の前半生を斬の道の普及奨励に捧げて来た。これが私に課せられた国家への御奉公と信じ、浅学菲才をも省みず未開地の開拓に専念して来たが、幸にして時代の要求するところとなり、真の日本人を表徴する裸一貫の勇ましい少国民の姿をそここの国民学校で見られるようになったことは、貧しいながらも相撲教育に先鞭をつけた私の最も欣快とするところである。

（『国民相撲教育』一九四三年）

とはいえ、まだ三〇代の青年としては、この地でさらなる挑戦をしてみたいと思っていたことだろう。しかし、満洲もまた彼の安寧を保障する場所にはなり得なかった。日本の敗戦とともに満洲国は崩壊し、外地で生まれた観念的な国技相撲もまた生きる場所を失ったのである。

大相撲と決別した八尾や和久田が、異民族と向き合って作り上げようとした「国民相撲」や「角道」。近代の相撲史にその名を留めることはなかったこれらの相撲が、最終的にどこへ行き着こうとしていたのか、今となっては知るよしもない。ただ、それが時勢に応じたものだったとしても、民族の差異を超えた普遍的な「国技」に彼らがこだわり続けたことは確かである。皮肉にも現代の日本では、外国出身力士と日本出身力士のあいだに線引きをして「国技」を語る人も多い。八尾や和久田なら、いったい何を思うだろうか。

本章の冒頭で述べたように、戦後の八尾秀雄について、私の手元には何の手がかりもない。ただひとつだけ、かろうじて彼の内地での活動の痕跡を見つけることができた。彼が作詞を手がけレコード化した「讃えよ国技」（作曲・岡本新市）が、石川県鳳珠《ほうす》郡の能登町立小木小学校で受け継がれていたのである。体操の振り付けは八尾式と異なるとはいえ、小木小学校では今もこのメロディと歌詞にのせて、児童が相撲体操をおこなっている。昭和三〇年代頃は近隣地域の各小学校でも実施されていたようだが、次第に減少し、現在は小木小学校一校のみだという。

戦後の姿がみえない八尾秀雄の、唯一残された「気配」である。

第四章

インテリ力士、「国技」に悩む

相撲の特集をくむ『野球界』。表紙は新大関の五ツ嶋（左）と安藝ノ海（右）。
1941年1月

笠置山の相撲論

1 頭脳派力士の日々

インテリの憂鬱

八尾秀雄や和久田三郎が新しい相撲作りを模索していたころ、大相撲界にも「国技とは何か」という大問題について、ひとり頭を悩ませる力士がいた。四股名を笠置山《かさぎやま》という。いったいなぜ彼はそんなに困っているのか。本章では、この人物に注目してみることにしよう。

笠置山勝一《かついち》は、一九一一年（明治四四）に生まれ、一九三〇～四〇年代に大相撲で活躍した、当時としては非常に珍しい早稲田大学卒の「インテリ力士」である。最高位は関脇、小兵ながら理詰めに徹した取り口が人気を集めた。文才にも恵まれた彼は、現役のころから講演や執筆活動を精力的にこない、相撲評論やエッセイ、旅行記、相撲指導書など多くの著作を残した。一九四五年（昭和二〇）に引退して年寄秀ノ山《ひでやま》を襲名、決まり手の制定などに尽力して戦後の日本相撲協会を支えた。

大相撲に詳しい方なら、一九三〇年代末から四〇年代初頭、彼が出羽海一門の「軍師」として、無敵を誇る横綱双葉山（立浪一門）の攻略作戦に知恵を絞った人物であることをご存じだろう。一九三八年六月、笠置山は雑誌『改造』に「横綱双葉山論」と題する一文を掲載した。その時点で五四連勝という前人未到の記録を樹立していた双葉山の強さの秘密を、技術面、精神面などから多角的に分析し、攻略法を具体的に挙げたものである。

この分析が功を奏したのだろうか、翌年の春場所で、同門の安藝《あき》ノ海《うみ》が双葉山に外掛けで勝利し、連勝を六九でストップさせた。これで一気に笠置山の参謀役としての評判が高まったのはいうまでもない。

今の時代に笠置山がいたら、さぞかし相撲がおもしろくなるだろう。明快な文章や語り口で現役力士が解説してくれるとなれば、メディアが放っておくはずがない。実際、戦後の一九五〇年代から亡くなる直前の一九七一年まで、彼は秀ノ山勝一として相撲雑誌をはじめとする多種多彩な紙面で健筆をふるい、日本教育テレビ（現在のテレビ朝日）の「大相撲ダイジェスト」では解説者を長く務めた。今ならワイドショーやネットの相撲コメンテーターとしても大活躍するかもしれないが、一方で「関脇止まりのくせに生意気な」「横綱に勝ってから言え」などと、SNSで炎上しそうな気もする。そう考えると、大相撲の世界で自身の能力をいかんなく発揮できたという点では、彼は幸せな時代に力士人生を送った人だともいえよう。

母校・早稲田大学から贈られた化粧廻しを締める笠置山

ただし、戦前の大相撲界を生きたこのインテリ力士は、他の力士たちにはないひとつの「憂鬱」の種を抱えていた。それが冒頭に述べた「国技」をめぐる議論である。

一九三〇年代〜四〇年代の戦時期、日本社会では「日本精神」を象徴すべき「国技相撲」のありかたをめぐる議論がおこっていた。相撲協会は佐渡ヶ嶽の学童相撲や、次章で述べる皇軍慰問の実施などで国技普及団体としての存在感を示そうとはしたが、本場所の内実は依然として娯楽的要素を優先した興行相撲であり、その点に世間は厳しい目を向けた。協会は国技の普及を担うどころか、むしろ国技を貶めているのではないかという声も聞こえるようになった。

一方、そのような大相撲のアンチテーゼという形で、初等教育機関での指導を念頭に置いた八尾秀雄の教育相撲や、植民地・占領地での相撲教育を視野に入れた和久田三郎と八尾の「角道」など、新しい相撲が生まれつつあったことは、前章で述べた通りである。

こうしたなかで笠置山は、力士を代表する知性派として、ことあるごとに雑誌メディアなどから意見を求められた。現役力士でありながら、国技相撲とはどうあるべきか、戦時期の協会の役割とは何かといった、大相撲の本質にかかわるような問題について、否が応でも意見を表明せざるを得ない状況に置かれたのである。

協会批判も辞さず

いくら角界随一のインテリといっても、まだ三〇そこそこの若者だ。口うるさい世論や文化人を相手に、国策に沿った破綻のない受け答えを繰り返すとなると、胃の痛む日も幾度となくあっただろう。彼が残した著作物からは、自分に与えられた社会的役割を踏まえたうえでの奮闘ぶりが、筆致を通して伝わってくる。

たとえば、戦時期の力士に「国民的自覚」を促す文章は、次のようなものである。

相撲は別社会として、自らも信じ、社会もそのように待遇していた。何事に対しても、「お相撲さんだから」と、いうだけで済まされたのである。これは、専門家に対する温情であるべきであり、受ける方は感謝で無くてはならぬ。それが、与える方は別扱的に力士を社会的に考えず、受ける方はこれを特権と誤認して来たのである。専門家は、ただ土俵の上で勝負さえ争っていればよいというのであった。それは、観賞的競技としてであった。そうして専門力士は社会から取り残されて来たのであった。

（『相撲襍記』一九四一年）

自らを「相撲の専門家」と位置づけていた笠置山は、「観賞的競技」者の位置に甘んじる力士たちに自己の覚醒を呼びかけている。時まさに近衛文麿内閣の新体制運動に呼応していると思われ、時勢と力士の立場を理解していればこその一文であろう。

このように笠置山の言論活動は、本場所や地方巡業、大陸巡業や皇軍慰問など、力士として欠かせない日々の務めから体得した経験値を土台に、当事者でありながら客観的に国技としての相撲や大相撲のありかたをとらえ直したという点でも、他に類をみないユニークなものである。特に満洲・朝鮮巡業の折に、外地に住む日本人や異民族と相撲との関係性を直接見聞したうえで、内地と比較しながら相対的な国技論を展開できた力士は、後にも先にも彼一人であったと思われる。

時に協会批判も辞さず、自身の相撲観や協会改革案を表明しつづけた彼のことばを、同時代の八尾や和久田、佐渡ヶ嶽たちの相撲論と重ね合わせながら読み直してみると、当時の日本社会が、戦時期の国技相撲に何を求めようとしていたかが見えてくるかもしれない。

スポーツ雑誌の文化人

では、あらためて笠置山のプロフィールを紹介しよう。一九一一年（明治四四）、現在の奈良県大和郡山市生まれ、本名を仲村勘治という。小学校時代から相撲で頭角を現し、県立郡山中学在学時に力士を志すようになった。中学には相撲部がなかったため柔道に打ち込む一方で、四年間級長を務めるなど地元では文武両道で知られた。

一九二八年（昭和三）に早稲田第一高等学院に入学し相撲部に所属、二年後の一九三〇年に早稲田大学専門部政治経済科に転入した。大学在学中の一九三二年に出羽海部屋から幕下付け出しとして初土俵を踏み、大学卒業前の翌三三年春場所で十両に昇進した。その後、幕下に陥落するも一場所で復活し、三五年春場所では西十両三枚目で全勝優勝を果たした。身長一七三センチ、体重一〇〇キロ余りと体格には恵まれなかったが、左四つと寄り切りを得意として幕内で頭角を現していく。三七年関脇に昇進、一場所で平幕に戻ったが、一九四五年の引退まで平幕上位の地位を維持し続けた。

彼の言論活動は、すでに入幕直後の一九三五年、二四歳の頃から始まっている。活動内容は主に講演と雑誌寄稿、対談や座談会である。特に講演は当初から引きも切らず依頼があったようで、新聞社や早稲田大学主催の社会人対象のものから、巡業先の小学校で児童向けにおこなうものまで、内地のみならず植民地朝鮮、中国、満洲などの外地でも頻繁にこなしている。

雑誌原稿と対談や座談会は、協会の機関誌『相撲』、戦前の二大スポーツ雑誌『野球界』『アサヒ・スポーツ』のほか、『中央公論』『改造』など多くの誌面に掲載された。なかでも博文館発行の『野球界』（一九四三年から『相撲と野球』、四四年に『相撲界』『国民体育』に改題）は、早稲田の同窓である池《いけ》田《だ》恒雄《つねお》（のちのベースボール・マガジン社創立者）が一九三七年から編集長に就任したこともあって、笠置山の登場回数が非常に多い。特に一九四〇年前後からは急激に増加し、毎号のように評論やエッセイ、座談会に彼の名前が見られるようになる。

メディア史研究の佐藤彰宣氏によると、『野球界』は、早慶戦を楽しむ女性読者を意識した誌面作りをするなど、一九二〇年代以降の大衆的なスポーツ人気に支えられて成長した雑誌だったという（『スポーツ雑誌のメディア史』二〇一八年）。一九三七年の日中戦争勃発後も、スポーツは国防化の問題と結びつけて奨励されたため、順調に部数を伸ばしていった。

一九四〇年代に入ると、新体制に沿うような硬派な論説などを載せ、いわばスポーツ系オピニオン雑誌として人気を保った。これまでのように大相撲の娯楽的要素を記事にするだけでは事足りない状況下で、国技の意義や使命を語れる笠置山は、この雑誌に欠かせない重宝な存在だったことがうかがえる。

たとえば一九四二年の『野球界』では、一～六月までの半期一二号分のうち、目次に笠置山の名がないのは二号と九号の二回のみで、他の号には相撲評論（六回）、座談・対談（四回）、随筆（一回）が掲載されている。これらの評論のタイトルをみると、単なる本場所の相撲解説にとどまらず、「戦時体制下における相撲道」「大東亜戦争と相撲」「相撲と必勝の信念」など、太平洋戦争勃発直後の戦時色を濃厚に反映した時事的なものも多い。座談・対談も同様で、「大東亜戦争と相撲」「大東亜・新しき相撲道」など、相撲と国策の関係を論じる場にはほぼレギュラーで登場している。

こうした堅苦しい論題や議論の場においても、笠置山の仕事ぶりはそつがない。文化人や官僚、政治家との座談会では、謙虚な態度を崩さない半面、相手におもねることなく率直な意見を理路整然と表明する場面も多くみられる。

尾崎士郎

尾崎士郎を魅了

相撲を知的に表現できる笠置山は、彼と対談した文化人たちにも好評だった。相撲通として知られた小説家の尾崎士郎《おざきしろう》（一八九八〜一九六四）も、笠置山にハートを射抜かれた一人である。

実は尾崎はそれまで贔屓の力士がいても、プライベートな場所で会おうとしなかったという。それは「会った為に土俵から得た印象が破れては困るという気がした」からだった。土俵上では光り輝く力士も、実際に会話を交わすと面白味がなくてがっかり……となるのを恐れたのだろう。ところが笠置山だけは違った。その心情を尾崎は対談のなかで次のように述べている。

尾崎　併し最近は又別で、殊に笠置山関を前にして言うのはどうかと思うけれども、私の求めていたものが、初めてここに出て来たという感じがします。自分が求めて居る文学と相撲の精神と合致した…古い言葉で云えば文と武が合致したという感じ、これはいろいろ理屈をつけないで、そうっとそのまま心の中に蔵《しま》い込んで置きたい、そう云う感じです。

笠置山　私に会いたくないということを言われましたね。

尾崎　そう言ったでしょう。併し笠置山さんには会えば会うほど好きになる。笠置山さんの立派さが好きなんです。（中略）

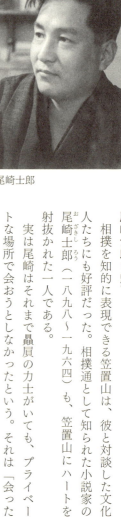

笠置山　あなたとは極めて自然の状態で会いましたね。無理に会おうとしたのでなく、自然に…。
尾崎　ええそうでしたね。あれがまたよかったんです。（『野球界』第三一巻一二号、一九四一年）

読んでいるこちらが赤面しそうなラブラブぶりである。早稲田の先輩後輩という親近感もあるのだろうが、尾崎は一〇歳以上も年下の笠置山にすっかり魅了されてしまったようだ。

舟橋聖一のみた笠置山

また、幼少期から大相撲を愛好し、戦後は横綱審議会委員長まで務めた作家舟橋聖一（一九〇四～一九七六）も、『相撲記』（一九四三年）のなかで土俵を下りた笠置山との印象的な場面を記している。一九四二年（昭和一七）、山陰・九州からの講演旅行の帰途、三九歳の舟橋は大阪市内の巡業先に立ち寄った。会場は福島公園内の貧相な小屋掛けで、「日光の入らぬバラック建の黒い天井に覆われた場内」では、気の抜けた花相撲が延々と続いていた。舟橋は力士が本気を出す東京の本場所と比べて思わず不快感を催すのだが、意外にも客席は満員で、力の入らない取組でも拍手喝采を送って盛り上がっている。

舟橋聖一。のちに横綱審議会委員長を務める

戦時下の日本で、こうした俗臭にまみれた光景が繰り広げられていることに、舟橋は憂愁すら覚えたようだ。「相撲を見ながらも、とかく、戦争のことが頭を

はなれない」と書く彼の胸に、国技がこれでいいのか、という苦い思いがこみ上げたのだろう。しかし一方で、講演続きで疲労困憊の体を引きずるようにしてまでも大阪に立ち寄り、「尚この濛々たる俗情を愛せずにいられない我が身の因果」も自覚している。

そこで、一〇番ほど取組を見た彼は、笠置山に会いに行くことにした。

私は、人波をかきわけて、支度部屋に、笠置山をたずねた。彼は今、若港を鮮かな二枚蹴に破って些か気を吐いたあとである。

悠々として、床山に、髪を結直させながら、「中央公論」を読んでいた。

「講演のかえりですか」

と、彼は私の顔を見ていった。

「富士できのう下関を立って、もう半分、参ってるんだが、君たちがいるときいて、大阪で下りちゃったんだ。身体の調子はどうです」

「少し、肩を打ってね。時々、痛むんだが」

「糖尿の方は」

「あれはまあ、よくなってるんでしょう。夏場所よりは、肥りました」

「夏場所のときは、ひどかった。肩の肉も落ちて。宿は」

「千日前の芦辺といううちです」

そうしているうちに、髪が結び上った。

やがて、着物をきかえ、茶の博多の帯をしめた彼は、

「それじゃ又、東京でお目にかかりましょう」
と挨拶をして、一緒に支度部屋を出た。ふりかえると、馬小屋のように、汚い支度部屋で、板囲の下には一杯に、ぺんぺん草が生えていた。
（『相撲記』）

真剣勝負のあと、静かに髪を直しながら『中央公論』を読む彼は、知的でありながら、力士らしい力強さと艶っぽさも備えた人物として舟橋の目に映っている。土俵以外の場所でも笠置山が文化人に愛されたのは、なにげないこうしたやりとりが印象的だったからなのだろう。大相撲をめぐる舟橋の憂いも、この文と武が一体化したような力士と会って会話を交わせば、少しは晴れたのかもしれない。

「頭脳派力士」と呼ばないで

とはいえ笠置山からしてみれば、文化人との交遊や講演・文筆活動が増加すると、稽古の時間の確保に苦労するなどの支障が生じる。実際、原稿の執筆は巡業の移動や休憩時間をあてて何とかしのいでいたようだ。そんなことを続けていると本場所での成績にも影響する。彼自身はそうした本末転倒を恐れ、幕内上位の座を維持することにこだわった。その心情を次のように吐露している。

理論というものは実際と合致しなければならんということだと思う。それで私はいつも苦しむのは、こういう風に相撲以外のいろいろな仕事をしていますね。練習しなければ相撲に勝てなくなって来る。勝たなくって幾ら小言をいっても通らなくなって来る。私の言った理論というものは結局実際に相撲に於て勝たなければならん。そこに非常に苦しみがある。

自身の相撲論を土俵上の実戦で成果として示し、その経験値に基づいてさらなる相撲論を誌面で展開するという理論と実践の往還こそが、彼のめざすところだった。一九四一年に早稲田大学でおこなった講演では、学生たちに向けてこう述べている。

私がいろいろなことを言って居りますが、相撲のこと、実際相撲を取ること、土俵の上のことをいろいろ発表して居りますが、これが私が幕下ぐらいの人間だったら、誰も聞いて呉れません。なんだあいつ生意気のことを言っている。実際私が土俵の上で体験して発表したからそれだから価値がある。皆が喜んで呉れる。云うことを聞いて呉れます。つまり学問と実際が一致して、学問が実践に移されて、初めてそこに学問の価値も現れて来る。

（『野球界』第三一巻一四号、一九四一年）

このような意地と信念をもつ笠置山は、周囲が自分に「頭脳派力士」のレッテルを貼りたがることをとても嫌がった。そうした質問をする記者に「頭で相撲が取れるものか」と一喝する場面もあったという。

それではこのインテリ力士は、戦時期の大相撲について、何を考え、どう語ったのだろうか。その議論の内容は次節で述べるが、その前に彼の相撲観に影響を及ぼしたであろう外地経験について見ておくことにしよう。

外地で国技を考える

笠置山が相撲界に入った一九三〇年代前半は、日本のアジアへの勢力伸長に歩調を合わせるように、植民地朝鮮から満洲の各地域を巡る大相撲の大陸巡業（いわゆる「満鮮（鮮満）巡業」）が活発化した時期だった。

さらに一九三六年（昭和一一）からは、翌年横綱となる双葉山の記録的な連勝などで日本社会の相撲ブームが最高潮に達し、外地の日本人社会でも大相撲人気が一気に高まった。そのため協会は、三六年以降、四三年まで毎年欠かさず大陸巡業を実施したほか、一九三七年からはそれに付随する形で、中国における日本軍の駐屯地や占領地への「皇軍慰問」もおこなうようになった。

資料上で見る限り、笠置山は一九三三年夏に新十両として初めて大陸巡業に参加、その後も三五～三六年、三八～四三年と少なくとも計九回は朝鮮・満洲方面に渡航しており、その経験をたびたび旅行記やエッセイとして書き残している。

笠置山が外地の日本人社会における相撲熱の高まりを最初に実感したのは、彼にとって三度目の参加となる一九三六年の「満鮮巡業」（六月一二日～七月三一日）である。これは朝鮮の釜山から京城を経て、中国の旅順、大連、満洲国各地まで、全行程五五〇〇キロを二ヵ月近い日程で回るというこれまでにない大規模なものであった。

彼は釜山から馬山、大邱、浦項、京城と進むうちに、朝鮮各地の日本人が通う小・中学校に次々と土俵が作られている状況を目の当たりにし、「急に相撲の勢の盛んになって来たこと」を肌身で感じたという。これは同年六月に文部省が「学校体操教授要目」を改正し、これまで小学校で課外運動とされていた相撲を、体育教材のひとつとして正課に採用したことが背景にあろう。内地と同様に植民地の教育現場でも、本格的な相撲指導が求められていたのである。同じころ、台湾でも八尾秀雄が実験校で漢人児童に相撲教育を実践していたのは、前章でみてきたとおりである。

いうまでもなく植民地朝鮮では日常的に相撲を取る機会が少なく、また伝統的な格闘競技「シルム」は、農村部でおこなわれているに過ぎなかった。アマチュア相撲の土壌がない土地で、今後日本人だけでなく朝鮮人にも相撲を教えるにはどうしたらいいのか。朝鮮滞在中の笠置山のもとには、教育現場で指導にあたる日本人がよく相談に訪れたという。

たとえば仁川在住のある日本人は、もともと柔道家だが小学校や青年団の依頼を受けて相撲を教えることになった。しかし「自分で取る事は出来るが教える事は大変困難だ」と気づき、指導書を探したがよいものがなく、困って相談に来た。協会は相撲教科書を作成していないため、笠置山はとりあえず雑誌『相撲』に掲載された佐渡ヶ嶽の「学童相撲手引」を読むよう勧めたという。

このような経験から、笠置山は外地での指導者不足を実感したようだが、三六年当時の彼の記述からは、そうした普及活動は協会主導でおこなわれるはずだと認識していたことがうかがえる。

巡業しながら指導する

しかしその後も、協会は佐渡ヶ嶽の活動に頼るばかりで、相撲指導者の養成や指導法の普及に乗り出す気配はみられなかった。既述のように、一九四二年には国民学校初等科五、六年に加え、高等科一、二年男子の「体操及遊戯競技」の一つとして相撲が導入されたため、外地の指導者問題は喫緊の課題となった。笠置山は同年、雑誌の座談会で次のように話している。

ところがそこにもう一つやって欲しいのは指導ですね。観せて来るというばかりでなく、観せて学ばせる。観て学ぶということが必要になって来ていると思う。（中略）朝鮮なんかに行っては特にそうです。満洲には新しい相撲が出来ているし、内地は地方に行って見ると、相当に地方の力士などがいるが、朝鮮は全然ないのです。

（「座談会　相撲界の新動向を語る」『野球界』第三二巻二一号、一九四二年）

一九四二年といえば、満洲では和久田三郎が「角道」と称して相撲の普及に注力し、八尾秀雄も「国民相撲」を国民学校で教えていたころである。それに比して朝鮮での相撲普及活動が一向に進まないことに、笠置山は苛立ちを見せている。彼は続けて、「協会というものは全国に廻って行く力があるのだから、指導力をもう少し拡充して巡業しながら指導して行くということにならなければいけないと思う」と、苦言を呈している。

彼の「巡業しながら指導して行く」という提案は、現役の力士ではなく「廃《や》めたものを連れて行って指導者にする」という意味である。笠置山は相撲指導について、あくまで「専門家」である大相撲の力士がその役割を担うべきだと考えていた。同じ座談会で、その点についてこう述べている。

今日、われわれの専門家の相撲と、一般の国民の大東亜戦下にやる相撲とは、自ら別個のものだと思うが、どうもその辺の限界がはっきりしていない。はっきりしてしまえばいいのだ。一般国民の相撲というものは、専門家の相撲のいいものを採って行けばいいので、専門家の相撲までになる必要はないが、あくまで、武士道というものを土台にしたものを摑まなければならない。

それを国民に伝えて行かなければならないのだが、そういうことを行うには専門家がなくちゃ出来ないのだ。

（「座談会　相撲界の新動向を語る」）

朝鮮などの外地で引退後の力士が指導者として活躍できれば、国技相撲の普及のみならず、力士の地位向上につながる。笠置山は協会が主体的にそうした力士の活躍の場を開拓していくことを望んだわけだが、結局敗戦を迎えるまでその動きはみられなかった。

一九四二年はまた、次節で述べるように大日本武徳会の発足など、戦時期における武道界の再編が進んだ年でもある。のらりくらりと世間の批判をかわすだけの相撲協会に業を煮やした識者たちのなかから、笠置山の個人的な資質に期待する声が聞こえ始めたのもこのころだった。

たとえば同年、内閣情報局情報官の田代金宣《たしろかねのぶ》は、笠置山との対談で「僕はあなたは時とすると負け越しになるかも知れんが、大体あなたは相撲をとるよりも今の相撲界を良いものにする、現代の相撲界の指導者としての役割が大きいのではないかと思う」（『野球界』第三二巻三号、一九四二年）と述べている。

現役力士を前にして「お前の相撲は大したことがないから指導者になれ」と言わんばかりの役人の態度には驚かされるが、ともあれこの時期からこうした周囲の期待を笠置山自身が引きうけざるを得なかったことは確かであろう。

「純な清らかな相撲」

笠置山は巡業中にしばしば講演活動をおこなっており、そのとき現地の相撲事情を直接見聞することも多かったようだ。特に朝鮮の日本人社会からは講演依頼が多く、たとえば一九四一年（昭和一六）夏の鮮満巡業では、釜山中学で「日本の国技相撲の起こり」から「今後の相撲の使命」まで、一時間四〇分ほど講義している。

続いて訪れた京城でも、「京城の六日間は相撲より講演に来たようであった」と述懐するほどタイトなスケジュールに追われた。講演先は京城師範学校、朝鮮殖産銀行、京畿公立商業学校、警官講習所、総督府鉄道局などで、早稲田大学の恩師や同窓生から頼まれる場合が多かった。行く先々で文化人として扱われ、「今度、直木賞の小説をお書きになるそうで」などと持ち上げられたりもしている。

しかしもともと苛酷な日程が組まれている巡業中にこうした業務が加わった結果、彼は「稽古をする暇もないほどの苦しみ」を感じたという。「他の者が宿舎で身体を休めている時に自分だけがそんな苦しみをしていて、時には嫌だなと云う気分」になることもあった。

一方で、彼にとって外地での講演活動は「一つの使命」と感じるような、達成感のあるものでもあった。「其体験談を聞いて戴く事は、或いは何等かの役割を果たしているように思われる。そこに苦しみも疲労も忘れて喋りつづけた」と彼は書いている。

特に社会人を対象にした講演が印象に残ったようだ。「日本人が、国技と云っている相撲を余りに知らない」ことに驚き、外地に住む彼らに相撲の歴史や「日本精神」を語る意義を見いだしたからである。

また釜山では、現地の財閥系企業に勤務する若い日本人たちが、内地の旧態依然とした興行中心の大相撲、いわゆる「歌舞伎的相撲」ではなく、「純な清らかな相撲」をイメージしているのを知って感銘を受ける。

この人達の想像している相撲は、純であり清らかである。その為、或いは無理解な点もあるかも知れないが、それは話せば解る。この純な清らかな相撲こそ、今後の国技相撲の進むべき道である。徒らに歌舞伎的相撲であってはならない。

（『野球界』第三二巻一八号、一九四一年）

「ああ、俺は芸人かなァ」

笠置山はこのころ、巡業などでおこなう相撲甚句や初っ切りを批判するようになっていた。土俵上で丸くなって甚句を歌うときは、「朗らかなような顔をしているが、実に淋しい気持」を抱いていた。化粧廻しをつけて土俵入りする際は「ああ、俺は芸人かなア」と落ち込んだようだし、初っ切りは「相撲が一ばん堕落した時分の遺物」（『野球界』三二巻二一号、一九四二年）ととらえていた。

笠置山と話した釜山の若い日本人たちが、どこで生まれ育ったのかは明らかではないが、甚句や初っ切りなどの演芸的な興行相撲に関心がない彼らに、笠置山は新鮮な印象を抱いたようだ。たとえそれが、相撲全体への無知無関心から来るものであっても、彼はむしろそこから相撲を新たにとらえ直す道がひらかれるのを期待したのであろう。

こうして現役力士として外地巡業や講演活動を数多く経験した笠置山は、それらの見聞を通じて内地の相撲を相対化する視点を手に入れたと考えられる。それは協会幹部や他の力士には持ち得ないものであった。

戦時期の相撲に、国家に奉仕する国技であることを求めるとするなら、そのためには大日本帝国という枠組みを前提に相撲を再考する必要があった。帝国の領土には相撲を知らない異民族も多く居住している。彼らが住むどの地域においても普遍的に受け入れられ、見るだけでなく国民自ら「取る相撲」となってこそ国技相撲といえるだろう。それは娯楽色濃厚な内地の大相撲の旧弊にとらわれない「純粋な相撲」、つまり原理的な相撲でなくてはならなかった。

戦時期の時代状況に対応し、「純な清らかな相撲」という理想の国技を追求するには、日本で唯一のプロ集団である協会と所属力士がまず先頭に立ち、相撲の再構築と普及・啓蒙のために指導的役割を果たすべきである。これが笠置山の主張の根本となった。後述するように、彼が満洲国の「新しい相撲」や、興行色を抑えた形式の「満洲場所」に純粋な相撲の兆しを見いだすことになるのも、そうした国技相撲観に基づくものであるといえよう。

2　娯楽か、武道か

藤生安太郎の猛烈批判

一九三七年（昭和一二）の日中戦争勃発前後から、日本国内では政府管轄の体育振興団体である大日本体育協会（現在の日本スポーツ協会）を中心に、国民の体位向上をめざす国民体育振興策の検討が始まった。さらに一九四一年以降は、近衛内閣の新体制運動のもとでスポーツ界の再編成がすすみ、個人主義的なスポーツとみなされた競技は明治神宮国民体育大会（現在の国民体育大会）の種目から除外されるなど、国家への貢献度でスポーツ競技の価値をはかる動きが顕著となった。

そうした状況下で、柔道、銃剣道、剣道などの武道が実戦に役立つ国防競技として一層重視されたのは自然の流れともいえよう。一九四二年には、国家主義的な武道の振興を目的として「大日本武徳会」が発足した。これは従来の武徳会を改組した戦争翼賛団体である。スポーツ史研究者の坂上康博氏のことばを借りれば、新武徳会の成立は「「武道界の戦時体制化」の終着点」(『幻の東京オリンピックとその時代』二〇〇九年)を示すものでもあった。

このような戦時下のスポーツ界再編の動きのなかで、大日本相撲協会はますます中途半端な立場に置かれることになった。相撲はスポーツとはみなされておらず、他方で武徳会の種目としての加入も見送られたからである。財団法人として国技の普及という公益性が求められるにもかかわらず、一九四〇年代の大相撲は、後述するように満洲場所を本場所並みの規模で挙行したり、皇軍慰問を実施したりするのが精一杯だった。

こうした大相撲のありように対し、激しく怒りを爆発させたのが、日本自由党の衆議院議員、藤生安太郎(一八九五〜一九七一)である。

藤生は一八九五年(明治二八)生まれで現在の佐賀県唐津市の出身。彼の著書『相撲道の復活と国策』(一九三八年)によると、東京外国語学校支那語科で学びながら、講道館に入門して柔道を修めた。のちに陸軍士官学校、拓殖大学、東京高等学校、警視庁などで柔道を教え、一九三二年(昭和七)から衆議院議員を四期務めている。

根っからの武道家である彼の政治家としての仕事は、時局に沿った一連の武道振興策の旗振り役であった。一九三九年一二月、厚生省・文部省の諮問機関として設置された「武道振興委員会」にも委員のひとりとして名を連ねている。以前より彼は、相撲こそ武士道精神の作興に貢献でき得る武道であると主張し、その普及徹底を唱えていた。

そんな藤生には、大相撲ののらくらした現状はどうにも我慢がならないものだったらしい。一九四二年一月、衆議院の第七九回議会でも、藤生は「国民体力法中改正法律案」の審議上、延々と大相撲批判を述べ立てている。彼が何に対してそれほど怒っているのか、議事録からみてみよう。

両国の相撲は「武道の冒瀆」

彼はまず、本来相撲は西洋流の体操と比べても体育的価値が優れており、「雲泥霄壌の差」があるとしている。西洋の体操が身体の一部を鍛えるような動きにとどまるのに比べ、相撲は「一枚の紙を直ぐくるくると丸めて、そうして柔らかにするような」理想的な全身運動といえるからだ。また日本人は幼少時から相撲に親しんでおり、いつでもどこでも「褌一本あれば事が済む」ため、国策的見地からしても実に経済的だという。

しかし、彼にとって本来の相撲とは「決して両国のあの相撲ではない」。あの場所でおこなわれているのはあくまで娯楽である。その証拠に東条英機首相が正月に相撲見物に行った際、「こう云うような健全なる娯楽は大いに奨励しなければいかぬ」と発言したではないか。つまり大相撲は「健全なる娯楽」ではあるが、「あの相撲を武道だと言うようなことは断じて許されない」し、「武道と云うものの尊厳神聖と云うものが冒瀆されることを惧れる」というのである。

議事録にはこんなふうに藤生の演説が延々と記録されているのだが、これはまだ前置きである。長広舌にしびれを切らした委員長から「成べく早く質問に入って戴きとうございます」と注意され、彼はようやく本題に進んだ。

まず藤生は、「芸妓連れの旦那が飲食の間に享楽して居る、其の芸妓連れの旦那に飲食の間に享楽されて得々として居る所の現状にある今日の相撲を、柔道や剣道と同列に之を取上げて論議の対象とする訳には行かぬ」という自身の主張を明らかにし、「誤れる相撲の為に、本当の武道としての相撲の発展を阻碍されると云うことは、洵に遺憾であります」と大相撲の弊害を強調した。
続いて厚生省の官僚に「大相撲は娯楽であるか、武道であるか」と問い、その答えを求めた。役人の口から「武道ではない」という答えを引き出したうえで、大相撲への監督指導の徹底を求めようとしたのであろう。しかし、これに対する武井群嗣次官の回答は意外なものだった。

あなたの仰せになった正しき相撲と云うのは、相撲と云う用語ではなくして、仮に私は之を角道と云うような名前で呼んで見たいと思います。即ち在来世にあり触れて居る相撲と云うものと、角道と云うものとは違うのじゃないか、即ち角道、是は立派な武士道でもあり、所謂武道の一つであります。今後政府に於きましては此の正しい意味の相撲、即ち角道と云うものを武道として十分に維持育成して参りたい、斯様に考えて居ります。

（「第七十九回帝国議会衆議院　国民体力法中改正法律案外四件委員会議録」）

なぜか武井次官は、大相撲と区別するために「角道」という新名称をいきなり提案したのである。これまで当局や相撲界で「角道」の具体的な議論がおこなわれてきた形跡はなく、これはいかにも唐突だった。もしかしたら武井の頭には満洲の和久田三郎・八尾秀雄コンビによる「角道」が思い浮かんだのかもしれないが、大日本相撲協会への言及を避けるためのはぐらかし答弁ともいえるだろう。
これに対して藤生は、「角道」という語には精神面より「腕力的なもの」に偏ったニュアンスがあるという自説を披露して武井の提案を一応否定したが、さすがにピントのずれた役人的答弁にあきれたのだろう。「はっきりした御言明を今日の厚生当局に対して迫る方が或は無理かも分りませぬ」と、しぶしぶ引き下がった。

質疑の最後に、藤生は天皇賜杯についてふれている。「相撲が済めば座布団が飛び、火鉢が飛び、蜜柑の皮が飛散る、落花狼藉たるああ云う風な場所」でおこなわれる勝負に対して、神聖なる賜杯が授与されるのはいかがなものか。「そう云う尊いものが授与されると云うことは、是は私は天皇の尊厳と云うことを考えまする場合には、是は非常に考えなくちゃならぬことではないか」と、大相撲の「冒瀆」的行為に釘をさしたのだった。

笠置山の困惑

さて、これに対し雑誌『野球界』は、一九四二年五月一五日号の誌上に「現代相撲道批判」と題する笠置山の反論を掲載した。編集部の依頼で執筆したものと思われるが、両国国技館で相撲を取る現役力士の代表として、書かないわけにはいかなかったのだろう。

まず彼は、大相撲に関する委員会での質疑応答について、「これが国技を論ずる人々であろうかと落胆させられたのは遺憾千万であった。而して、あれ程の国家的意義を持つ委員会が、ただ、徒らに破壊的に傾き、建設的要素の見られなかったのは何に原因しているのであろうか」と皮肉った。その上で藤生の「両国の相撲は武道ではない」という意見に対しては次のように反論している。

力士は生命をかけて戦っているあの姿に何等冒瀆はないのである。観客が冒瀆するからとて、それで相撲そのものまで冒瀆していると云うのは偏見といわねばならないのであって、相撲は立派に、如何に両国の相撲であっても武道として存在するものと私は思う。要は行う者の心である。

（「現代相撲道批判」『野球界』第三二巻一〇号、一九四二年）

たとえ酔客が娯楽として楽しんでいようとも、土俵上の力士が真剣勝負で戦いに臨んでいれば、その精神は武道である。「武道は心の中にある」という理屈である。

彼は続けて、九世紀に在位した仁明天皇が相撲を「武力を簡錬する」ものと記したことを示し、当時から「立派に武技であった」と主張した。土俵上の「生命をかけて戦っている」力士は武士ととらえるべきであり、「改めるのは、観客の相撲観であり観客的態度であり、協会当事者の職業的態度でなくてはならない」とまで述べている。

さらに、厚生省の武井次官の「正しい相撲を角道と称してはどうか」という提案には、次のようにばっさりと切り捨てた。

この回答はまことに相撲認識の欠けていることをはっきりと表明している。日本人にして国技相撲を知らないと云ったのはここである。正しき相撲を角道と呼ぶことは、只、武井氏が殊更別の言葉を使用されようとした結果からであって、恐らく今日一般国民の先入感にある職業化した相撲から切り離して、正しき相撲を云わんとした為であろう。それなら相撲道でよい。

（「現代相撲道批判」）

しかし、彼のいう「正しき相撲」とはどこにあるのだろうか。武道の精神は武士たる力士の心のなかに存在するという笠置山の反論は、当時の国技館で繰り広げられていたカオス状態を知る人には、さすがに首肯しがたいものだろう。しかも彼らに限らず「相撲武道論」を唱える者の主張は、元来相撲は武道であったはずだという立場から武道への復古を唱えているのだが、そもそも相撲はいつ武道だったのか、いずれも歴史的根拠が曖昧である。どこにどのように「復古」すべきかを明確にして論ずることは困難だった。

実は当時の笠置山自身は、現状の大相撲のあり方を「過渡期的なもの」ととらえていた。「徐々に新しい時代に即応する、所謂脱皮作用を行おう」とする立場に立っており、性急な議論に積極的ではなかったのである。藤生発言への反論も、彼自身の本意とは少し異なるものだったのかもしれない。しかし同時に、社会情勢を鑑みると「漸進的な改革では間に合わないといったような急迫した事態に迫られている」ことも実感していた。そのため笠置山自身にももどかしい思いがあるようで、彼の次のような一文からはその心情が垣間見える。

ここに、国民を代表する者と、政府の人々に何等真剣さを感じられないのである。相撲に対する正しき相撲とか、正しくない相撲とか、両国の相撲がどうだ、と云いながら、それだけで終って、正しき相撲は斯うするのだ、斯うしてほしい、と言っていない。（中略）問う人も答える人も、問うだけのために問い、答えるだけのための答えであるように思われるのは、私が政治と云うものに暗いためだろうか。

（「現代相撲道批判」）

官僚や政治家が机上の空論に終始している現状に憤っているのだろうが、同時にそうした虚しい議論に巻き込まれた自分自身への焦りや苛立ちとも受け取れる。だが彼にとって災難なことに、たとえ空疎で観念的な武道論であったとしても、協会に批判的な世論が高まるなかで、国技相撲の本質という議論のテーブルにつける大相撲関係者は、このとき笠置山ただひとりであった。

そんな笠置山の心境を知ってか知らでか、彼が常連として執筆する雑誌『野球界』は相変わらず協会には辛口で、このころは世間の風潮に乗ってますます舌鋒鋭くなっていた。一九四二年六月一五日号（三二巻一二号）の社説では、「「芸妓連れの旦那連中が、飲食の間に享楽する」相撲を一掃したのは誰であったかを考えてみるがよい。それは決して協会でもなければ誰でもない。凡てが支那事変から大東亜戦争へと連続する日本の国防国家建設体制がさせたことではないか」と痛罵している。『野球界』の一連の協会批判記事は、笠置山を持ち上げて協会と対比させるのが常であった。この社説でも「笠置山氏の反駁には自己の信念から出発しているのが目立っている」と評価し、今後の相撲界に必要なのは「思想と信念と、実行力をもつ「人」である。笠置山氏の如きはその三つを兼ね備えた得難い人材である」などと、たたみかけるように褒めちぎっている。ひいきの引き倒しのようでもあり、これはこれで当人にしてみればいい迷惑だったのではないだろうか。

佐渡ヶ嶽の相撲道場

さて、大相撲界にはもうひとり、協会の本流とは一線を画した形で時局に適応する国技相撲のありかたを模索し、普及活動を実践した人物がいる。前章でご紹介した協会版相撲体操の創案者、佐渡ヶ嶽高一郎（永井高一郎）である。ここで一九四〇年代の彼の活動をみてみよう。

川口市の佐渡ヶ嶽道場での稽古風景

前章で述べたように、佐渡ヶ嶽は一八九七年（明治三〇）生まれ。一九二〇年代末に現役を引退し、年寄を襲名した。一九二三年（大正一二）頃から、協会に籍をおきながら個人活動として青年相撲の指導を開始、一九三〇年（昭和五）に相撲の型に基づく「相撲基本体操」を完成させた。その後一九三〇年代前半の学童相撲ブームを受けて、協会がこの体操を公認したため、佐渡ヶ嶽は協会の普及部長として日本各地の学校や工場、青年団などで講習会を開催、受講者数はのべ六〇〇〇人に及んだという。

およそ九年間にわたる普及活動を通じて相撲指導の体系化、組織化の必要性を実感した彼は、一九三六年、受講生らとともに「正しい相撲指導法の確立」と「指導法の普及徹底」を目的とした「大日本国技研修会」を設立し、代表者となった。

一見するとこの活動は協会の公益事業の一環のようだが、これは佐渡ヶ嶽がほとんど個人的におこなったものである。彼は損得勘定を度外視して、長期間ひたすらこの活動に打ち込んでいたのだった。つまり協会は研修会に大した援助もせずに、あたかも協会主導の活動であるかのように宣伝したというわけである。

佐渡ヶ嶽は大日本国技研修会の本部を埼玉県川口市の自宅に置いたので、彼を「親方」と呼んで慕う多くの会員た

戸隠での佐渡ヶ嶽。『国技研修』より

ちが出入りするようになった。次第にそのなかから道場設立を求める声があがったため、一九四一年、佐渡ヶ嶽は私財一万数千円を拠出して長野県戸隠高原（現在の長野県長野市戸隠）の越水ヶ原に三〇〇〇坪の土地を購入、本部にあった方屋（土俵場）を移築して「大日本国技研修会戸隠山相撲道場」を設立した。同年五月、地元の国民学校や青年団の勤労奉仕によって整地され、土俵場、運動場、講堂が完成した。七～八月には三回にわたり相撲講習会を開催、のべ二六〇名以上の受講者が集まったという。

彼が戸隠という場所を選んだのは、ここに「天の岩戸」神話で知られる戸隠神社があるからだ。戸隠神社には力の神とされるアメノタヂカラオが祀られていることから、神社に隣接する場所を「相撲発祥の霊地」と定め、道場設立を決意したのだという。

関係資料によると、このスピリチュアルな土地の選定には、前章にも登場した協会顧問の彦山光三の示唆があったといわれている。大日本国技研修会の機関誌『国技研修』（一九四二年）には、戸隠の霊峰を背に壇上で蹲踞する佐渡ヶ嶽の写真が掲載されているが、高原の明るい光に照らされて白く輝く彼の笑顔は、どこか神がかった表情にも受け取れる。

霊気漂う相撲の聖地で彼が広めようとしたのは、いうまでもなく武道に通じる「相撲道」である。彼によれば「相撲道」とは、「真心と体力と気力との日本的調和を最高度に具体化した心身一如の鍛錬道」だという。そして相撲道を通じて「誠忠至孝、礼儀に篤く」「勇敢を尚び、順理を弁え、反省を念とする」「日本精神」を具体化し、「国運の伸展に寄与」することを目標とした。

一九四二年九月（三二巻一七号）の『野球界』には、評論家の小島貞二《こじまていじ》が「戸隠山相撲道場訪問記」を寄稿している。小島は当時二三歳。中学生のころ漫画家を志したが、体格の良さを見込まれ出羽海部屋に入門、四年後に編集者に転身し、後年には演芸評論家として知られる。小島は同年八月、道場主催の「相撲指導者養成講習会」の第二期に参加し、四泊五日の合宿を全国から集まった受講生約八〇名とともに体験した。

講習会は審判法などの座学と、相撲体操や基本稽古などの実践にわかれており、基本稽古は「押し」「押し合い」「突き」「突き合い」の反復練習と、「前捌き」「調体（てっぽう）」「運足」「立合い」「受け身」などだった。夕食後には、電気のない講堂に全員集合して佐渡ヶ嶽を囲む懇談会も開かれた。受講生には小中学校の教員が多く、ランプの明かりのもとで、活発な相撲談義が夜が更けるまで続いたという。

「褌を取る型」「外掛け」を禁止

このように佐渡ヶ嶽の相撲指導は、基本体操と同様、自身の力士としての鍛錬の経験を基本としている。彼の著書『相撲道教本』（一九四一年）では、初心者はまず「「土俵外に出す」技を本体として基礎的修練を積むべき」で、たとえ相手より体格が劣っていようとも、押すか突くかによって相手を土俵外に出す「出し技」を最善の方法だと述べている。

また彼は、大相撲では常套手段である「褌を取る型」を禁止した。褌を取ると自由な攻め技が出なくなるし、重心が浮いて体勢が崩れやすいだけでなく、「兎角不利の戦闘に陥り、明快闊達なる国民精神の昂揚を妨げ易い」からである。「何物にも促われることなく豪快なる大和心を振起」してこその相撲道であるからだ。

だが実際のところ、「国民精神の昂揚」や「大和心の振起」などの愛国的表現は後付けの感が否めない。一九四一年の『野球界』で相撲解説者の小島六郎と対談した際、彼は次のような率直な意見を述べている。

僕が褌を引かぬということは一般に叫んだことは叫んだが、別に僕が云い出したのでも、発明したのでもない。（中略）つまり褌を取らぬで練習すれば、上達が速くて而ももつれて怪我することもないし身体もよくなる、斯ういう点を吾々の何十人何百人の先輩が体験して、吾々にそれを云い残し教えて行ってくれたものである。

（『野球界』三一巻二二号、一九四一年）

何年も毎日稽古を重ねたプロの力士だけが初めて褌を取れるのであって、素人が同じような真似をする必要はないというのが彼の主張である。同じような理由で彼は「外掛け」についても禁じ手としている。未熟な者が外掛けを使うと、倒れたときのケガの危険性があるためだ。

東京高師・大谷武一の支援

それにしてもこの時期の佐渡ヶ嶽は、なぜここまで確信に満ちた普及活動を展開できたのだろうか。そこには東京高等師範学校教授大谷《おおたに》武一《ぶいち》の熱心な支援があったといわれている。大谷は、一九三七年に制定された「建国体操」の企画段階で、中心的な役割を果たした学校体育の専門家である。

「建国体操」とは、国民精神総動員運動の一環として団体訓練や国民意識の昂揚をはかるために作られた官製の集団体操で、当時増産された多種多様な集団体操の先鞭をつけるものでもあった。

学校体育界の大物ともいえる大谷だが、佐渡ヶ嶽の相撲論に共感する部分があったのだろう。文部省の体育研究所技師として勤務していた一九三〇年前半ころに佐渡ヶ嶽と面識をもって以来、その指導理論を体育学的見地から「正しいシステムを造り上げている」と高く評価するようになった。大谷は戸隠山道場にも訪れ、講演を引き受けたばかりでなく、自らも白髪を乱しながら青年たちと稽古に汗を流したという。

大谷の熱い支持を受けた佐渡ヶ嶽は、結果的に戦時期の教育現場にふさわしい国技相撲の指導者として存在感を示すようになった。当局が望む国家主義的な「正しい相撲」をとりあえず体系的に示し、自ら実践した指導者は、戦時下の日本においておそらく彼一人だっただろう。とはいえ、理想を求めれば求めるほど、それは興行にいそしむ大日本相撲協会への軽視と否定につながる。協会の一員である彼にとって、「正しい相撲」は諸刃の剣だった。

自由と個性の相撲

さて、こうした佐渡ヶ嶽の相撲論を笠置山はどう評価したのだろうか。一九四三年（昭和一八）、評論家大井廣介との雑誌対談では、その指導法に異議を唱えている。たとえば佐渡ヶ嶽が禁止する「外掛け」について、次のように述べている。

私は外掛けは禁止しない主義なんですがね。あれは自然の行為なんです。無理に鍛錬をしてする訳でない、何にも知らない人でも、そういう立場になったら必ず足を絡みます。自然の行為を止める、これは一番いけないことで、興味というものがなくなって来る。

（「相撲に就いて」『相撲と野球』第三三巻一九号、一九四三年）

笠置山からみれば、外掛けをかけられてケガをするのは「鍛錬の順序が悪い」からだという。技をかける方ではなくかけられる側が「外掛けをかけられても怪我をしないような方法」を考えるべきであり、そのためには「転《こ》ける」稽古をまず優先すべきだという意見である。

また、対談相手の大井に「褌を取る」型について水を向けられると、彼はこう語り出した。

私の希望としては、相撲というものを小さなものにして貰いたくないというのですよ。一つの固まった小さなものにしない。相撲というものは、人間の動きを束縛しない、実に自由に人間のあらゆる動き方を許している、これが他の武道やスポーツと異なった点です。つまり一番やかましく規定しているのが土俵という円内、これほど戦うべき場所としての厳格な規定はない。その中に於いては、人間の持っているあらゆる力、あらゆる動きを利用していい訳です。その動きを利用すればするほど、相撲というものの進歩がある訳で、そこに価値があると思う。

（「相撲に就いて」）

自然に体が動き、その流れのなかで褌を取ったり外掛けをかけたりするのなら、それはそれでいいじゃないか、ということだろう。なぜなら国民への相撲指導はプロの力士を養成する場合とは異なるからである。そのとき何より必要なのは「相撲をとる喜び」なのではないか、と彼は続ける。

私にいわせれば、どうしてもそこに半分は興味がなくちゃならない、そうして自由さがなくちゃならない。相撲を取る時の喜び、この気持ちを分解してみると、先ず裸になるという愉快さですね、人間は物を着れば着るほど不愉快になって来る、全部素ッ裸になって解放された時の気持、その時に心の広さが出て来る、明るさが出て来る、そこで相撲というものが自由に取れる。
（「相撲に就いて」）

すでに日本近現代史研究の赤澤史朗氏が指摘しているが、笠置山の相撲論にはこのように「自由と個性の重視」という特徴があり、これが同時代の他の相撲論と異なる点である。

また、相撲という競技を特別視せず、体育学的な側面から客観的にとらえる視点を失わなかった点も興味深い。彼はしばしば他のスポーツも楽しむことを推奨している。相撲は体格差、体重差が勝敗を左右する競技であるうえ、相撲の鍛錬だけでは体育学的にも医学的にも万全ではないと考えていたからだ。早大教授の杉山謙治《すぎやまけんじ》・三橋喜久雄《みはしきくお》との座談会ではこう述べている。

一つのものだけで自分の身体を鍛えて行くということはそれは非常に欠陥がある。そういう点から考えて結局自分の持っている個性ですネ、この体育的個性を順次に活かして行く、同時に自分の持って居る一番の欠点ですネ、この欠点の所を補うような一つのスポーツをやらにゃいかん。
（『野球界』第三二巻五号、一九四二年）

こうした笠置山の一連の言説から、大正期の自由主義的な体育観の影響を読み取ることも可能だろう。つまり彼の相撲論には、この時代の武道をがんじがらめにしていた国家主義的なイデオロギーから自由な側面があり、同時に相撲を他のスポーツと比較しようとする横断的で相対的な視点が保持されていた。土俵上の自由や個人の喜びを重視するという笠置山の相撲論は、土俵で「日本精神」を具現化すべく「出し技」に徹する佐渡ヶ嶽の相撲観とは、本質的に相容れるものではなかった。

早大教授との座談会で、笠置山は力士の勝負に対する意識についても一歩踏み込んだ発言をしている。「実際に相撲そのものは完全な個人の問題」だというのだ。取組の形式上「東西対決」という集団で勝負に臨んでいるが、それはあくまで形式にすぎず、基本は「自分個人の勝負」である。そういう点からみると相撲は、「今日の国家的に要求している集団的なものは駄目か知れませぬ」とまで述べている。力士が「個人としての完全な役割」を果たし、その姿を観客に見せることこそが時局に沿った個人の責任だという文脈での発言ではあるが、それでもなかなかに大胆な意見といえるだろう。

3　満洲場所と「新しい相撲」

満洲場所をどう見るか

さて、戦時期の大相撲にとってひとつの画期となったのが、一九四〇年（昭和一五）七月におこなわれた「満洲場所」である。内地の本場所とほぼ同規模で、鞍山、撫順、奉天、ハルビン、新京の五ヵ所を移動し計一五日間開催された。協会所属の力士が一堂に会した「準本場所」並みの魅力的な内容だったせいか連日盛況で、特に新京初日には数千人の観客が押し寄せたという。さらに七月二八日には関東軍司令官の官邸に満洲国皇帝（愛新覚羅溥儀）を招待し、御前相撲も実現した。

この満洲場所は、規模の大きさだけではなく、形式と内容も従来と異なっていた。巡業にありがちな花相撲は封印し、本場所同様の真剣勝負をおこなうこと、純益は軍や地元に寄付すること、力士たちは学校や職場で出張指導をおこなうことなどの改善策が実施されたからである。

1941年6月の満洲場所。鞍山での新横綱羽黒山の土俵入り。『相撲』第6巻8号（1941年8月号）より

それでは、なぜ一九四〇年から満洲場所が一新されたのだろうか。

実はこのイベントの企画立案者は、満洲国在住の和久田三郎である。既述のように、和久田は一九三八年に渡満し、「角道」の普及活動に専心していたが、毎年巡業でやってくる大相撲の内容に大きな不満を抱いていた。和久田の著書によれば、彼らは「旧態依然たる巡業精神」で「某々年寄連の利潤追及に終始」しており、「相変わらず相撲を喰物にして渡り歩いている連中」だったからだ。そこで渡満三年目、いよいよ和久田が乗り出すことになる。

三年目が来た。三回目の満洲場所を迎えるという。私は関東軍の中島少佐に前回の実情を告げ、国技の精神を満洲場所に発揚せしめるには、これではならぬと相談した。関東軍は相撲協会に注意するところがあり、協会側も率直に理解し、これまでの営利第一主義を投げすてて、満洲場所にふさわしい方針をとることになった。

（和久田三郎『相撲一路』）

1942年7月の大連市大相撲での土俵祭。祝詞を奏上する木村庄之助。『相撲』第7巻9号（1942年9月号）より

双葉山ブーム沸騰以降の大相撲は内地・外地を問わず盛況で、満洲巡業も協会の大きな収入源となっていた。しかし和久田は、満洲場所から「営利第一主義」を排除し、兵士を優先的に招待するほか、純益を満洲駐留軍への恤兵《じゅっぺい》費や慰問費に献納したり、新京の相撲振興費にあてたりするよう協会に提案したという。つまり満洲場所を公益事業化していくという意向である。すると協会の一部が意外な反応を示した。和久田は次のように述べている。

場所前になって、急に立浪一門が参加せぬということである。労多く利の尠ない満洲場所を捨てようとしたのだ。私たちは、その心事の卑しさにあきれ、中島少佐等と協議の上、「今後満洲における職業力士の後援は一切とりやめる」と申しおくった。これには協会側も驚いたとみえて、やがて全員揃って渡満することになった。

（『相撲一路』）

和久田の言葉を借りれば、彼は関東軍報道班長中島少佐の「トラの威をかりるキツネ」(『相撲風雲録』)役となって奔走したという。関東軍というトラの効果か、キツネの上手な根回しの結実か、ともあれ結果的に満洲場所は成功をおさめた。協会は日満親善と国技相撲の普及に邁進する姿勢をアピールすることができ、和久田の面目も立ったのである。これを機に春秋園事件以来ぎくしゃくしていた彼と協会との関係は、だいぶ改善されたようだ。

一方、実際に満洲で相撲をとった笠置山は、この巡業をどうとらえていたのだろうか。

彼はこの満洲場所におおむね満足しつつも、いくつかの課題を見いだしていた。まず、五地点で一五日間の興行をおこなう方式の是非である。場所中の移動は力士にとって大きな負担となるし、何よりも「正形的」ではない。協会が「正しい相撲」を示したいなら、奉天、新京のみで一五日間挙行してはどうかと提案している。

次に、「観客が相撲を知らない」という点に彼は驚いている。たとえば鞍山では、土俵に上がる前には大いに拍手や声援があったのに、勝負がついたあとはすこぶる冷たい反応だった。実は観客は、従来の地方巡業でおこなわれる余興のような花相撲を期待していた。飛びつき(勝ち抜き戦)や初っ切りなどのプログラムを楽しみにしていたのに、通常の真面目な取組だけで進行し「余りにあっけない勝負」が続いたため、かえって盛り上がりに欠けてしまったらしい。

そこで笠置山は、土俵上で国技相撲を紹介する時間を設けて満洲場所の主旨を説明し、「力士が昔の花相撲的な気分から離れて、本場所のような気持でとっているからです」と観客に伝えたという(『相撲』五巻一〇号、一九四〇年)。力士も真剣なのだから、見る側も真剣に見てほしいということだろうが、詰めかけた観衆と笠置山の心情には、かなりの温度差があったようだ。

「満洲の角道」が求めるもの

その三年後の一九四三年（昭和一八）、満洲場所を終えた笠置山は、春日野親方とともに遼陽市にある相撲場に赴いた。土俵開きと記念式に出席後、アマチュア相撲の対抗試合を見学し、選手らに実地指導をおこなった。このときの試合は、和久田三郎と八尾秀雄が所属する満洲帝国武道会角道部の試合規定に従って実施されたものである。新しい相撲の実践の場に居合わせたことは、笠置山にとって印象深い出来事だったようだ。

> 初めて満洲国角道部の試合規定を実地に見学したのは大きな収穫であって、中には将来の国民錬成相撲に示唆する点もあった。（中略）ただ和久田氏が一つの信念を固持されて前進されていることを知って嬉しかった。それの全般についての批判は別として、これも今日の時代の姿であり、時代を負う者の姿であると思った。
>
> （『相撲と野球』三三巻二〇号、一九四三年）

満洲の「角道」に対する笠置山の評価は、資料でみる限りおおむね肯定的である。内地に先んじて新しい相撲を模索し続けている和久田や八尾に、彼は一種の同志的な親近感を抱いていたのかもしれない。

同年四月、彼は「満洲の角道」と題する一文を『相撲と野球』（第三三巻七号）に寄せているが、そこにはそうした心情がはからずもにじみ出ているようにみえる。彼はこの原稿を編集部から依頼されたとき、しばらく躊躇した。それは「日本の相撲の将来性についてさえ確たる方針の定《きま》っていない（専門相撲以外）のに、それを捨てて置いて満洲の相撲を語ることは矛盾していると感じたから」であった。しかも編集部は、角道への批判的内容を彼に期待している。なかなか返答できず、二、三日経ってようやく執筆を承諾したという。

実は前年の一九四二年に渡満した際、彼は八尾秀雄から直接「意見があれば自分に知らしてくれ」と言われていた。しかし笠置山は以前から面識があり、八尾も彼の率直な感想を聞きたかったのだろう。しかし笠置山は「八尾氏に言う自惚れは持てない」ので返答しなかったという。これまでの八尾の奮闘ぶりを見てきた彼としては、軽々に意見はできないと思ったのかもしれない。

それでも「満洲の角道」には、彼が「新しさの中にある欠点」ととらえた点が挙げられている。たとえば角道では行司のことを「司審」と呼び、選手は一度土俵に上がると、司審の号令にすべて従うというルールがある。司審が「用意」と号令をかけると、立って仕切りを始め、「発」という号令で立ち上がるというものだ。

「個人を最高に錬成する」

笠置山も、満洲人など異民族への指導を視野に入れた相撲のルール化には異論を唱えていない。しかし、あたかも海軍相撲のような「唯、命令に依って無茶苦茶に突き進む突撃精神を養成すればよいとの観点」に対しては、「全幅の賛意を表しかねる」というのである。彼は「徒らに日本の名詞や動詞を、それを職業臭いとして新しくすることが新しい相撲だと解するなら大きな間違い」であると述べ、「個人を出来る限り伸ばす、即ち、個人を最高に錬成する」という相撲の美点を失ってはいけないと強調している。ここでも彼の言説には、相撲を取る際の個人の精神や身体感覚を優先しようとする相撲観がうかがわれる。

ならば急進的な満洲の「角道」は、これからどのような道を選ぶべきなのだろうか。笠置山は次のように言う。

満洲人に相撲を普及する為めに日本のままではどうかと云うのなら、その指導精神は大変親切ではあるが、無駄なことだと思う。それは満洲人自分達で日本の相撲を受け入れて、満洲国の民族性と生活様式に合うようにすべきである。又、日本の相撲がそのまま受け入れた方がよいのであれば、それをすべて受け入れればよいのである。（『相撲と野球』三三巻七号、一九四三年）

和久田たちのドラスティックな「新しい相撲」もまた、彼からみれば「徒に新を追わんとする点」があり、「何となく時代に迎合し過ぎた様に思われる」ものだった。「新しい相撲」が帝国の普遍的な国技として成立するためには、笠置山のいう相撲の本質、つまり土俵上の精神的な自由と解放感を指導者が自覚する必要があったのかもしれない。

だが結局、笠置山が期待感と違和感を抱きつつ眺めていた満洲の角道は、日本の敗戦と満洲国崩壊によって存続の道を失い、姿を消した。

そして戦後から現在に至るまで、プロの力士が指導的立場に立って相撲の普及に務め、多くの日本人が自ら相撲を取るという、笠置山が理想とした「国技の実践」が実現することはなかった。

のちに彼は、戦時期を振り返り、「我々専門家の言を耳にせずして机上の、体験なき理論上の相撲」がはびこった時代だったと述べている（『相撲』一一巻四—七合併号、一九四六年）。あの時代に、ひとり国技相撲論の応酬を受け止めようとした笠置山にしか実感できない、苦い思いが垣間見える発言である。

小説家としてデビュー

本章の冒頭で述べたように、戦後、年寄秀ノ山を襲名した後も、笠置山は協会の仕事と執筆活動の二足のわらじで才能を発揮した。協会で税務や渉外などを担当するかたわら、エッセイや紀行文ばかりでなく小説にも挑戦している。一九四九年（昭和二四）には、第三七回「サンデー毎日大衆文芸」に「笠置勝一」というペンネームで入選を果たした。作品のタイトルは「愛の渡込み」、力士の純愛物語である。笠置氏の筆がますます冴え渡っているようすがうかがえる。

人形蒐集が趣味という笠置山夫妻。『日の出』1939年6月号別冊より

彼は一九七一年（昭和四六）、六〇年の人生を終えた。胃ガンの手術をしてから亡くなるまで九ヵ月ほど闘病生活を送ったが、入退院を繰り返しながらも協会事務室に出勤し、最後まで連載小説を書き進めていたという。自分の持てる力を十分に発揮できたという点で、順風満帆の人生だったといえるのではないだろうか。

しかし評論家の池田雅雄の追悼文を読むと、若い頃は「インテリ力士」ゆえの人知れぬ苦しみもあったことがわかる。

当時は今と違い大学出の力士は異端視されて他人に語れ

ぬ苦しみをなめ、何度かマゲを切ろうと覚悟したかしれないと、のちに語っていた。巡業に出れば駅には必ず学友や先輩が迎えに出て歓迎会が開かれ、一行の力士たちにとっては、にがにがしい光景にうつり、白い目で見られ、底意地の悪い兄弟子の仕打ちに耐えねばならなかった。こうした逆境が彼をしてなお一層猛げいこの精進にかりたてたという。

（『相撲』二〇巻一一号、一九七一年）

彼の「インテリらしさ」は、マスコミが作り上げた部分もあった。当時の雑誌には、彼の寝室の机上に北原白秋の詩集が置かれていることにほほうと感心したり、夫婦の共通の趣味が人形蒐集と聞いてなるほどと唸ったりする記事が載っている。そうやってちやほやされる彼を快く思わない者が大勢いても不思議ではない。

しかしそれでも彼は土俵を下りず、現役引退後も最後まで協会の一員として勤め上げた。大相撲の世界で今の自分に何ができるかを常に考え、それなりに器用にこなしていった人だったのだろう。彼はしばしば自身を「相撲の専門家」と称したが、確かにプロフェッショナルとして恥じるところのない、文と武が合致した相撲人生だった。

佐渡ヶ嶽、協会と絶縁

さて、本章の最後に戦後の佐渡ヶ嶽高一郎にもふれておこう。

彼は、協会内の相撲普及活動を担当する部署である指導部の廃止に反発し、一九五五年（昭和三〇）、協会を引退した。その経緯を次のように書いている。

私は、過般、大日本相撲協会と絶縁いたしました。協会は、終戦後の苦境を切りぬけるため、興行に専念し、財団法人の本質を忘れようとしましたので、私は理事の一人としてあくまでこれを阻止しようと思い、数回にわたり理事会の議題としたのであります。（中略）協会が、過去に於いて、財団法人として活動していた唯一の事業は、この指導部にあったのであります。これを廃止することは法人としての本質を失い、社会を欺まんするに等しい行為なのであります。ここに於いて、私は協会に留っている意義を失いましたから、その席で直ちに、決然と引退を表明したのであります。（『すもう研修』復刊号、一九五五年）

既述のように、指導部に所属しつつも個人活動に注力する佐渡ヶ嶽に対して、協会は以前から冷淡な態度をとっていた。彼は彼なりに組織の中で相撲道を貫こうとしたのだろうが、戦後の協会にとって武道イデオロギーなど過去の遺物である。指導部の廃止が「法人としての本質を失い、社会を欺まんするに等しい行為」だという彼の主張は至極まっとうだ。しかし「興行に専念する」のは、まぎれもなく協会のいつもの姿であった。

もろもろの背景は異なるが、佐渡ヶ嶽の姿は「平成の大横綱」、元貴乃花親方のそれと重なるようにも思える。元横綱日馬富士の傷害事件以降、協会との確執が表面化し、二〇一八年一〇月に日本相撲協会を退職。翌年五月に「一般社団法人貴乃花道場」の設立を発表して、青少年の育成や相撲の普及をめざすことを明らかにした。

協会を去った佐渡ヶ嶽も、その後財団法人日本相撲研修会（大日本国技研修会の後身）会長に就任、青少年を対象にした相撲指導に努めた。戦時期には「国技相撲」という枠組みにこだわり続け、時にはそれに翻弄された人だが、その一本気で不器用な性格からは、愛すべき「親方」の横顔が見えてくる。佐渡ヶ嶽高一郎の戦後については、終章で再び述べることにしよう。

第五章

戦場の兵士、横綱を待つ

双葉山の皇軍慰問

横綱双葉山の土俵入り

1　お国のための大相撲

大相撲の「黄金期」

一九三七年（昭和一二）の日中戦争勃発後、第一次近衛文麿内閣は、長期化する戦争に対応するため、翌三八年に「国家総動員法」を制定した。このときから日本社会は戦時動員体制のもとにおかれ、物的・人的資源がすべて国家の統制を受けるようになった。

このような戦時下では、国民の多くが自国の勝利を願う恭順な「臣民」として振る舞わざるを得なくなる。それがたとえ抑圧や強制による不本意な態度であったとしても、当事者にとって、その記憶はやはり苦い味をともなうものだろう。

大相撲も例外ではないはずだ。前章で述べたように、大日本相撲協会は公益性を求められる財団法人として、戦時国家に奉仕すべき立場にあったからだ。

では、戦後の日本相撲協会は、この記憶と歴史をどのようにとらえているのだろうか。

一九七〇年代後半、財団法人日本相撲協会は、昭和期の相撲史の集大成として『近世日本相撲史』全五巻（監修・日本相撲協会博物館運営委員）を刊行した。B4サイズ、厚さ七センチほどの大判で、定価は一冊五万円。五巻ともそれぞれ重さが三キロ近い「重厚」な書籍だ。昭和を一〇年ごとに区切り、大相撲界の動静と本場所の勝敗記録が時系列に書かれている。大きくて重いので持ち運びには苦労するが、写真もデータも豊富で、相撲ファンにとっては貴重な資料でもある。

その第二巻には、一九三六年（昭和一一）から一〇年間の記録が収められている。第一編「激動と嵐の中の大日本相撲協会」の第一章「花開く国技全盛時代」の冒頭では、昭和一〇年代の大相撲について以下のように総括している。

相撲は国技といわれ、日本民族とともに長い歴史を歩いてきた。日本の国の移り変わりとともに、移り変わってきた。戦時下の相撲には、当然に戦争という投影があった。

そして、相撲が、この年代ほど国民から愛され親しまれたことは、長い相撲史の中でも他にない。戦争という勝たねばならない時代に、相撲は敢闘精神の訓育のために、国民体育の鍛錬のために、ますます盛んになった。

（『近世日本相撲史』第二巻、一九七七年）

双葉山とともに相撲人気を支えた、横綱玉錦の土俵入り

これを読むと、驚いたことに戦後三〇年余を経ても、協会は戦時期を「国民から愛され親しまれた」「国技全盛時代」ととらえていたことがわかる。彼らにとっては後悔の時代などではなく、むしろ輝きを放つ黄金期なのである。

それでは、あらためてその時代を振り返ってみよう。一九三〇年代半ばの大相撲界は、満洲事変後の景気回復と人気力士の登場で一気に活況を呈した。三三年に横綱になった玉錦《たまにしき》を筆頭に、武蔵山、男女ノ川など有力力士が活躍。さらに一九三六年からは関脇双葉山が連勝を続け、三八年に横綱に昇進、三九年までに六九連勝の大記録を達成した。相撲ブームは沸騰し、新聞や雑誌はさかんに相撲特集を組んだ。三六年には協会から専門雑誌『相撲』も刊行されている。東京日日新聞記者で相撲評論家の相馬基によれば、「表紙を双葉山か玉錦で飾れば、売行きは羽の生えたようだった」(『相撲五十年』)という。

双葉山はただ強いだけではなかった。「待った」をせず、相手が立てば必ず受けて立ち、前へ出る攻めの相撲に徹するなど、横綱相撲を貫いたことが人々の心をとらえた。

また彼には、内省的な側面があり、それが戦時期の日本人にある種の感慨を抱かせたようだ。大関時代、彼は陽明学者の安岡正篤《やすおかまさひろ》の知遇を得た。伝統的な日本主義を主張し、戦中・戦後の政財界要人に多大な影響を与えたことで知られる思想家だ。連勝記録の更新を日本中から期待された双葉山は、プレッシャーを乗り切るため安岡の言葉に耳を傾け、自身の精神的支柱にしたといわれている。

相馬基は、一九三七年の日中戦争勃発後の双葉山人気について、「日本軍の破竹の進撃を双葉山の常勝ぶりになぞらえて、随喜した世評は、彼を国技館の英雄から、日本の守護神のように祭りあげた」とも述べている。双葉山の持つ精神性が、彼の神格化を加速させたのは確かだろう。

守護神を味方につけた協会は、本場所をこれまでの一一日制から一三日制に延長して、押し寄せる観客に対応した。二年後の一九三九年には、さらに一五日間に延ばしている。それでも国技館では未明から長蛇の列ができたというから尋常ではない。このように、協会が戦後もこの時期を「花開く国技全盛時代」と胸を張って言い切ってしまうのには、それなりの理由があったのである。

献身的な奉公

だが、喜んでばかりもいられない。前章までみてきたように、力士の活躍が注目されればされるほど、財団法人としての協会はどこか居心地の悪い思いをしていたはずだ。法人の定款にあたる「寄付行為」で、「国技タル相撲道ノ」「維持興隆」という大義をうたっているのに、これに即した活動をほとんど実践していないからである。笠置山が国技の本質的なありかたに考えを巡らせようとも、佐渡ヶ嶽がアマチュア相撲の普及に努めようとも、それらは組織内の一部の動きにすぎなかった。

また、第三章で述べたように、文部省は一九三六年から小学校の体育教材のひとつとして正課に相撲を採用した。そのため教育現場では、教材としてふさわしい科学的に体系化された相撲理論と、それを実践できる八尾秀雄のような指導者の両方を求めていたはずなのだが、そんなセオリーや人材の調達は協会には不可能である。

結局大相撲は、高揚する愛国主義の熱気に便乗しながら、これまでと同様の興行スタイルを維持しつつ、そのなかで国技の普及団体としての存在感を、なんらかの形で示すほかなかった。

もちろん、協会もそれなりの努力はしている。一九三八年には靖国神社で三日間の労働奉仕を実施、一〇〇名もの力士が集結し、放置されていた境内の土俵の修復にあたった。その前年には東京品川の戸越公園でも、「帝都青年勤労奉仕団」の一部隊として四十数名が参加し、地ならしや石運びなどの勤労奉仕に汗を流した。

協会発行の雑誌『相撲』（三巻九号、一九三八年）では、年寄名跡を持つ根岸眞太郎が戸越公園のようすをレポートしている。「団体訓練と言うことに縁の遠い力士等が、小隊長やら、分隊長の指揮でやって行けるかどうか」「常に稽古場や巡業先でざわざわさわぎながら仕事をしていた連中が黙々と一つの仕事をすること」ができるかと心配したものの、しっかりとした仕事ぶりを見て「やればできる」と安心したそうだ。奉仕活動以前にやっておくべきことがあるような気もするが、頑張っているのは確かだろう。

しかし、年に数回の奉仕活動や関係各所への寄付などで事足りるものではあるまい。ではいったい「お国のための相撲協会」をより効果的にアピールするには、どうすればいいのだろうか。

実は一九四〇年代前半の大相撲の一連の活動で、ひとつだけ世間の評判がよかったものがある。普段は辛口の『相撲と野球』でさえ、次のように書くほどだ。

> 満洲、支那大陸に巡業する力士諸君の真摯なる態度や献身的な奉公は、(中略) 過去の興行第一主義の巡業を脱して、相撲の娯楽面を極度に利用して、皇軍将兵の慰問のために鮮やかな転向振りを示している。
>
> (『相撲と野球』三三巻二一号、一九四三年)

ここでいう力士たちの「献身的な奉公」とは、戦地の将兵たちへの慰問、つまり「皇軍慰問」のことである。

大相撲は一九三〇年代後半から四三年まで、植民地朝鮮から満洲国の各地域を巡る大陸巡業、いわゆる「満鮮巡業」を毎年のように実施したが、三七年からは、その興行に付随する形で、中国における日本軍の駐屯地や占領地に赴き、軍関係者を主な対象として相撲を披露する活動をさかんにおこなうようになった。その後も、日本軍の勢力拡大に沿うようにして中国大陸の中・南部へと慰問の範囲を広げていった。

大相撲の皇軍慰問は、団体の規模や滞在期間、実施地の数などからみても、他の慰問団の追随を許さない大がかりなものだった。相応の利益が見込める満鮮巡業と異なり、慰問は基本的に協会の持ち出しも辞さない奉仕活動である。これまで「興行第一主義」と揶揄されていた協会も、これでようやく「鮮やかな転向振り」を示せるようになった。おかげで戦時期の大相撲は、空前の相撲ブームを享受するとともに、皇軍慰問によって「お国のための大相撲」という体裁をなんとか整えることができたといえよう。

そこで本章では、これまで大相撲の近代史で言及されることが少なかった皇軍慰問を追ってみよう。力士たちはいつ、どこに行き、誰に会って何をおこない、何を見たのだろうか。そしてなぜ、戦場の人々は彼らを待ち望んだのだろうか。「戦場と相撲」という一見風変わりな組み合わせの歴史のなかに、スポーツでも武道でもない、娯楽や慰安としての相撲の本質が浮かび上がってくるかもしれない。

「満鮮巡業」は長期戦

力士たちの皇軍慰問の旅をたどる前に、その前哨戦ともいうべき一九三六年（昭和一一）と三七年の「満鮮巡業」についてみてみよう。

第二章で述べたとおり、朝鮮や中国・台湾への巡業は一九〇〇年代から実施されていたが、一九三一年の満洲事変後から大陸への巡業が活発化し、三六年前後から四三年までは恒例行事となった。この間、朝鮮と満洲国への巡業は毎年実施され、皇軍慰問もこれらの巡業に付随しておこなわれた。

既述のように、一九三六年は四月に台湾にも遠征している。横綱武蔵山一行と大関男女ノ川一行の計一七〇名余による合同編成で、およそ三週間の行程を成功裡に終わらせた。翌月からすぐに夏場所が始まり、関脇双葉山が横綱玉錦を倒して初優勝を飾ったため国技館は大いに沸いたが、武蔵山・男女ノ川チームは場所後も休む間もなく、今度は満鮮巡業に出立した。

満鮮巡業の行程も非常に過酷である。六月一二日に釜山に到着、つづけて馬山、大邱、浦項、京城、仁川、平壌の順で朝鮮半島を縦断し、さらに満洲国に入り安東（現・丹東）、鞍山、旅順、大連、撫順、錦州、天津、奉天（現・瀋陽）、四平街、新京（現・長春）、吉林、ハイラル、チチハル、ハルビン、牡丹江、図們、羅南、清津、羅津を巡回して八月一一日に新潟へ帰還した。鳴戸《なると》親方（元大関太刀光《たちひかり》）の記録によると、鉄路の走行距離でおよそ五五〇〇キロ、五八日間におよぶ長期巡業だったという。

旅慣れている力士たちとはいえ、大陸巡業は勝手が違う。内地の巡業と一番異なるのは、頻繁な移動と移動時間の長さである。大連や奉天、新京などの大都市では数日の興行を打つが、地方都市では滞在時間が一日だけということもあった。

主な交通手段は鉄道なので、狭い車中で大柄の力士は窮屈な思いをしたらしい。ハイラル―チチハル間では、鉄路局が車両を増やすなどして対応したようだが、それでも車内では足を伸ばして横になるのがやっとだったという。

参加者の一人、笠置山は「列車内で夜を明かしたこと幾日。乗り込んで、其日に興行して、又其夜に出発することもありました」（『相撲』一巻六号、一九三六年）とぼやいている。ましてや彼の場合、行く先々で早稲田の校友会から講演を依頼されるなど副次的な業務があったので、本当に体を休める暇がなかった。大連で「国技相撲と其将来」というテーマのラジオ講演もこなしているが、これはまだ七月の初旬のこと。彼にとってはこのあと一ヵ月近く続く長旅のほうが、国技の将来よりよほど心配だったことだろう。

移動には苦労が多かったが、訪問地でおこなう興行の方式や内容は内地とほとんど大差がない。会場は体育場や神社の境内、警察署前広場や埋め立て地などで、そこに特設相撲場を設置した。観客の大半は日本人で、各力士の後援会、県人会、地元の小学校や花柳界、駐屯部隊の兵士など団体客も多く、数百人から数千人に及ぶこともあったという。

土俵を取り囲む観客たちの盛り上がりぶりは、あるいは内地以上かもしれない。鳴戸親方の記録によると、新京の初日には「花街の姐さん達の贔屓力士を応援する黄色い声と、天幕を揺がす潮騒の如き拍手」が入場する力士たちを迎えたという。翌日も大盛況で、「熱狂したファンが土俵に飛出すやら桟敷から身振おかしく応援するやら、場内は弥がうえにも相撲気分が充満」（『相撲』一巻五号、一九三六年）というハイテンションぶりである。こうした客の興奮状態は、植民地台湾の巡業風景とよく似ている。

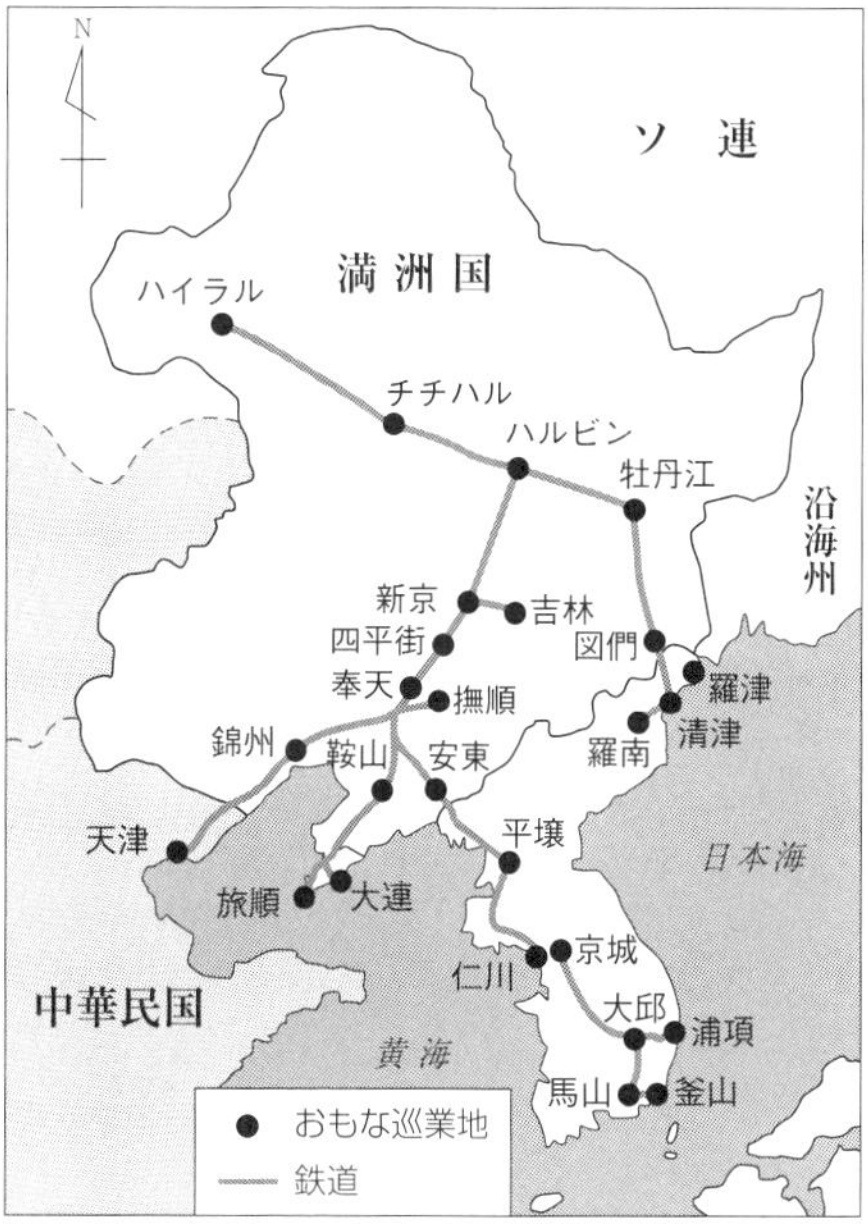

1936年の満鮮巡業

大陸らしい光景といえば、観客席の

国際色豊かな顔ぶれだろう。現在の内モンゴル自治区に位置するハイラルでは、モンゴル人や中国人のほか、イギリス人やドイツ人、イタリア人も観覧に訪れ、「かく国際人の集ったのは、相撲始まって以来のことである」（『相撲』一巻六号、一九三六年）と鳴戸は書いている。

ただし、この年の巡業は、すべてこのような調子だったわけではない。第二章でもふれたように、一行は六月三〇日に鞍山の興行を打ち上げたのち、遼東半島を南下して旅順に赴いた。これは一般的な興行ではなく、日露戦争の戦没者慰霊塔がある白玉山での奉納相撲と、関東軍旅順要塞の将兵向けの慰問相撲だった。およそ二〇〇〇人もの観客のなかには、要塞司令官の中島三郎陸軍中将の姿もあったという。

旅順での活動は営利目的ではなく、観客も軍関係者のみだったため、協会からみればこれは立派な「皇軍慰問」である。旅順のほかにも、チチハルや牡丹江などで将兵対象の興行を実施し、傷病兵を見舞いに病院を訪問している。雑誌『相撲』には、軍部からもらった感謝状の写真を並べて自画自賛するページもあり、鳴戸は、以下のように胸を張っている。

> 大連には宋十郎、延若の一行が興行しているが、この他色々なインチキものがたくさん入込んでいる。皇軍慰問の名をかりてはいるが、その実質はいかがわしいものがあるとかで、其筋では厳重取締まっているという。我々の皇軍慰問は堂々たるもので、旅順の如きは、相撲場前の道路を交通遮断までしていた程である。
>
> （『相撲』一巻五号）

どうやら大連では、歌舞伎の沢村宋十郎《さわむらそうじゅうろう》や実川延若《じつかわえんじゃく》などを騙るニセモノ慰問団が横行していたらしい。それにくらべると大相撲は軍のお墨付き。旅順でも交通規制がでるほど歓迎されたというわけである。

巡業中に戦争勃発

大相撲興行が関東軍の優遇を受けていたことは、この年の二月ごろ現地に先乗りした一六代式守伊之助の記録（『相撲』一巻三号、一九三六年）からもうかがえる。彼は旅順で司令官の中島と面会し、新たにチチハルでの興行を希望したところ、中島は「ぜひそうして貰いたい」と答えた。そこで伊之助は新京でも関東軍司令部を訪問して紹介状を受け取り、チチハルに向かった。現地に着くと、旅館業を営む日本人有力者とともに領事館や特務機関に挨拶に回ったという。

このような大相撲と軍部の関係は、日中戦争勃発期にあたる翌一九三七年になると、さらに密なものになる。この年の巡業は、横綱玉錦、大関双葉山、鏡岩、清水川をはじめとする力士と年寄・行司・呼出・世話人など総勢三五〇人余にのぼる大規模編成で臨むこととなった。一行が北九州の門司港を出発したのは七月七日。北京郊外の盧溝橋で日中両軍の武力衝突が起こった、まさにその日である。奇しくも巡業に参加した力士たちは、戦況の推移を現地でリアルに体感することになったのだった。

一行は、九日に大連港に到着、一一日からの大連五日間を皮切りに、奉天四日、新京四日の計三ヵ所を、国内の本場所一三日間と同様の形式で実施し、引き続き朝鮮各地で興行した。五月の夏場所で一三戦全勝を成し遂げた大関双葉山は、場所後の番付編成会議で横綱昇進が決定していたため、どの興行先でも新横綱をひと目見ようと観客が押しかけて大盛況となった。

この年の満鮮巡業でこれまでと異なる点は、勧進元（主催者）の顔ぶれである。第二章でも述べたように、相撲巡業先には、協会から「世話人」「目代」などとして推薦された好角家がおり、彼らが先乗りしてきた協会関係者と接触して、勧進元を選定するのが通例になっていた。勧進元の多くは地域社会の有力者で、外地の日本人コミュニティでは土建業、飲食業、旅館業、花柳界などで成功した商工業者が多い。満鮮巡業の場合も三六年までは同様だった。

しかし、一九三七年の巡業では時勢の変化に合わせ、勧進元はほとんど軍や警察、市役所などの公的機関になった。朝鮮では、朝鮮総督府法務局管轄の財団法人治刑協会が司法保護事業の一環として受け入れ先になり、今でいう「福祉大相撲」のようなイベントを開催した。大連では関東軍・関東局・大連市役所などが主催者に名を連ねている。

堅苦しい勧進元が目を光らせていると、興行内容も一変する。大連の一日目には、一般客のほかに旅順の兵士や中学生などが団体で席を埋め、警官が交通整理をするほどの混雑ぶりだったが、取組前に「御好御断り」と大書した紙を持つ者が土俵を一周したあたりから、会場の空気が微妙なものに変わった。「御好御断り」とは、観客の要望に応じて対戦相手を決める「お好み相撲」のリクエストを受け付けない、という意味である。お好みだけでなく、初っ切りや飛び付き五人抜きなどの演目もおこなわず、東京の本場所と同じような取組を粛々と進めたという。

前章で書いたように、三年後の一九四〇年の満洲場所でも、真面目すぎる土俵にガッカリする客に向かって、笠置山が真剣勝負の意義を講釈している。こうやって毎回のように、アトラクションを期待して来た客が肩すかしをくうという場面が繰り返されていたのかもしれない。

雑誌『相撲』（二巻九号）には、行司の木村瀧夫が書いた一九三七年の巡業記録が掲載されている。

それによると、やはり初日は「珍しくも、相撲場にはつきものの花柳界の人が余り見えず、それに熱狂した声が一向に飛び出さぬ。真剣な取組に酔えるが如く、ただじっと土俵を見つめるのみ」という大人しい雰囲気に終始したようだ。この日は横綱玉錦も体調不良で、対戦相手の磐石にかろうじて勝ったものの危うい相撲しか披露できなかった。

翌一二日は、花街の女性たちも押しかけ、サインをねだって関取衆を追い回すような場面もみられた。双葉山の土俵入りの時間になると、酔っぱらいが踊り出したりわめいたりと、ようやくいつもの興行ムードを取り戻している。

しかし、盧溝橋事件からわずか四日後のこの時期、近衛文麿内閣が華北への派兵を決定するなど戦局はあわただしい動きをみせており、相撲会場もその緊張感と無縁ではなかった。観戦中の警察官に急遽署に戻るよう求める呼びだし放送や、夕刻からの灯火管制実施を予告するアナウンスは、「今まで盛んであった場内の応援団を静粛にさせた」と木村は書いている。

こうした状況下で興行を続けることには一行も一抹の不安があったようだが、関東軍は「満洲の大相撲はどんどん進行して呉れるように」と巡業の継続を勧めたという。結果的にこの年の満鮮巡業は成功裡に終わり、満洲で売り上げた収益のなかから関東軍に一万五〇〇〇円、関東局に一万円、海軍司令部に一〇〇〇円を献金することができた。協会監事の谷川浪之助（元関脇黒瀬川）によると、国務院総務庁長の星野直樹からは「これを機会に、是非とも毎年来て、満洲の人に見せて貰いたい」と請われたという。第三章で述べたように、星野は和久田三郎の盟友である。同年、満洲国のトップの座である国務院総務長官に就任した彼が好角家だったことも、協会にとっては好都合だった。

七月二五日に興行を終えると、一行は当初の計画通り二手に分かれ、玉錦・双葉山一行二五〇人余は朝鮮巡業へ、残り一〇〇人余は予定通り満洲奥地への「皇軍慰問」に向かった。

中国人の目を気にする

これらの協会の記録からは、風雲急を告げる時勢において外地に活躍の場を得た大相撲の姿がうかがえるが、その一方で満洲の和久田三郎と同様に冷めた目で眺める日本人もいた。

たとえば一九三〇年代に記者として活動し、その後登山家としても知られた渡邊公平は、三〇年代末ころ、北京の目抜き通りの王府井《ワンフーチン》の喫茶店で、満鉄のグループ会社「華北交通社」の社員らしき日本人たちが次のような会話を交わしているのを耳にした。ちょうど大相撲が北京巡業にくる時期で、十円の前売り券が手に入りにくいほどの前評判だったころだという。

—一体中国人達は相撲を見てどう思うだろう。

—日本人って俺達より小さい奴ばかりだと思ってたら、随分大きいのもいると驚くよ。

—そうかなあ、僕は変な頭をした怪物が而も裸で取組み合うなんて、却って彼等の事大主義から軽侮の念を抱きやしないかとさえ案ずるね。

—だって支那だって道教の坊主はチョンマゲにしているよ。先生達は裸には乞食以外ならんかも知れないが、この赤裸々になって相闘う姿こそ日本精神の現れじゃないか。蒙古の相撲なんて、まどろっこしくて見ちゃ居れんよ。

—でもなにも中国人に見せるための相撲じゃあるまい。

—併しどうせ大陸でやるなら、而も相撲を以て日本の国技とするならばだ、その国技を中国人に

紹介することによって対支宣伝工作の一端を果たすべきではないか。（中略）
―判ったよ、君の云う如く、若し相撲を以て対中国の宣伝武器の一つとするのを僕は悪いとは云わないさ。然しだ、それならそれでもっとその方法論を考究すべきだよ。一日十円で何処の中国人が観に来るかってんだ。
―勿論そうだ、僕だって今日の北京の相撲を以て良しとするのではない。いや寧ろこの興行性を排撃したいくらいだ。皇軍慰問とは云うがこの地方巡業的興行性を、先ず僕は革《あらた》むべきだと思っているよ。

（『相撲と野球』三三巻一四号、一九四三年）

この会話が本当に喫茶店の隣のテーブルから聞こえてきたものか、あるいは渡邊の脚色が加えられているのかはわからない。それでも、この時期に渡邊のような中国在住の日本人が、大相撲に向ける中国人のまなざしを意識していることがうかがえて興味深い。チョンマゲ姿の肥った裸の男が組んずほぐれつするさまを、大日本帝国の国技として彼らに見せていいのだろうか。裸体を卑しむという伝統的価値観をもつ中国人が、われわれ日本人を嘲笑するのではないか。そんな自信のなさが行間からにじみ出ているからだ。

大相撲を見つめる他者の視線を、これまで日本人はあまり意識せずにいられた。植民地の朝鮮や台湾、日本の傀儡政権下にある満洲国では、支配者という上位の立場に安住してふるまっていたからである。

しかし、敵国民と鋭く対峙せざるを得ない中国では、「国技」はおのずと別の意味を持ち始める。たとえ娯楽の一端としての北京巡業であろうとも、当時の中国で見る大相撲は、日本の侵略戦争とともにこの地を訪れた存在である。拡大する戦線をなぞるように赴く皇軍慰問であればなおのこと、中国人から見ればそれは戦地に咲く「あだ花」に過ぎない。そんな「帝国の国技」を、どんなふうに見せれば彼らに一目置いてもらえるのだろうか。これはなかなか答えの出ない問いであっただろう。

2 戦場へ行こう

皇軍慰問とは何か

さて、本章の冒頭で述べたように、皇軍慰問とは戦時期に日本軍の駐屯地や占領地へ赴いた民間人の慰問活動のことである。日中戦争勃発後は、地方自治体や議員、教育関係者、婦人団体、芸能団体などにより多種多様な慰問団体が結成され、満洲のほか「北支」（華北）、「中支」（華中）、「南支」（華南）方面に赴いた。

一口に「慰問」といっても、その内容は訪問団の性質によってさまざまである。駐留部隊を訪問し、同郷の兵士に故郷のようすを伝えたり、家族から託された手紙や慰問袋を渡したりする場合もあれば、歌舞伎や演芸などの芸能団体は、駐屯地を巡回して芸を披露することを慰問と称していた。

皇軍慰問の実例として、大相撲とは直接関係ないが、新潟県の例を挙げてみよう。柏崎市出身の貴族院議員飯塚知信《いいづかとものぶ》の著書『中支皇軍慰問行』（一九四〇年）によると、一九三九年（昭和一四）、新潟県議会は飯塚のほか県議会議員七名、新聞記者二名の計一〇名で慰問団を編成、華中・華北地方へ派遣した。大地主の息子として生まれた飯塚は、早稲田大学を卒業、一九二八年から衆議院議員、高田村村長などを歴任し、一九三九年から貴族院議員を務めた。地元では実業家としても知られる人物である。

一行は四月六日に長崎港を出港、上海、南京、漢口、蘇州、杭州を廻ったあと、華北に移動、青島、済南、天津、張家口、大同を経て、五月二一日に北京から東京に帰着した。たっぷり一ヵ月半にわたる慰問活動である。

興味深いことに『中支皇軍慰問行』は、その大半が観光の記録である。風光明媚な江南地方や長江の船旅を楽しんだあと、飯塚が憧れていたという北京では、紫禁城や天壇公園などをゆっくり巡って思いに耽ったりしている。確かに各地に駐留する部隊を訪問し、部隊長や新潟県出身の兵士らと懇談するなどの「慰問活動」もおこなってはいるが、武力衝突の現場を見学する「戦跡めぐり」も含めると、明らかに観光がメインの旅である。

さらに飯塚は、この旅にスリリングな興奮も求めていた。「一度や二度敵襲がないと折角の慰問の価値が半減してしまう。敵襲とは如何なるものか！　その体験は生涯に得難い尊いものである」と記す飯塚は、旅の途中で襲撃されるのをどこかで心待ちにしていた。注文通り、杭州の銭塘江で初めて敵の銃声を聞いた彼は、「一発の銃声こそ戦線慰問行の大きな土産」とも述べている。

彼のこうした態度や表現を露悪的なユーモアととらえて差し引いてみても、やはり当初から「皇軍慰問」という名目の観光旅行だったのでは、という印象はぬぐいきれない。しかも飯塚だけは、北京から東京までの帰路に飛行機を利用し、現在の貨幣価値で三〇万円ほどのチケット代をものともせず、約一一時間の空の旅を満喫している。

一方で本格的な慰問活動をした女性たちもいる。翌一九四〇年三月、同じく新潟県は、柏崎市出身の新保チヨノら九名の芸妓と引率者男性一名によって、戦地の将兵たちへの娯楽提供を目的とする「新潟県郷土演芸慰問団」を結成した。三月二八日に大阪港から病院船に乗って出立し、五月二二日に上海から帰国した。新保の著書『皇軍慰問の旅』（一九四一年）によると、一行は上海から南京、漢口、武昌、九江、安義、武寧、若渓、張公渡、永修、廬山、蘇州、杭州、武康を巡り、慰問活動をおこなっている。

都市部や観光地中心に巡った飯塚らの行程とくらべると、新保たちの行き先は日本軍が占領して間もない危険な前線地帯である。彼女たちはトラックに揺られて各地の部隊を訪れると、和服やチャイナドレスの衣装を身にまとい、甚句や小唄や流行歌、かっぽれやおいとこ節などの歌や踊りを披露して兵士たちを楽しませた。場所によっては、明日最前線に向かう部隊の最後の娯楽となる場合もあり、新保がつづる見送りの日の描写は、リアルで胸に迫るものがある。こうした光景は、同時期に大阪の吉本興業と朝日新聞社が戦地に派遣した演芸慰問団「わらわし隊」の活動などでもみられたことだろう。

このように、日中戦争期の皇軍慰問は一種のブームともいえるもので、有象無象の慰問団が戦地に押し寄せることとなった。教育関係者の皇軍慰問に関する宋安寧氏の論考によると、一九三八年、軍部は慰問団の来訪が現地の軍務に支障をきたすという理由で渡航制限を加えた。そのため多くの府県の教育組織が出した訪問申請には、これ以降なかなか許可が下りなくなってしまったという。

飯塚知信の例をはじめとして、当時の皇軍慰問の資料には、慰問先の兵站部司令官らが一行を接遇したり、名所旧跡や戦跡を案内したりするなどの記録が散見される。確かに各団体の活動は、兵士たちの慰安として役立つものもあっただろうが、一方で民間人の駐屯地への頻繁な出入りは現場の人員に負担がかかる。軍部としても神経を尖らさざるを得ないものだったのだろう。

どこに慰問に行ったのか

そうした状況にもかかわらず、大相撲が大規模な慰問を継続的に実施できたのは、それが軍部・警察側から要請されたものであるからだ。一九三八年におこなわれた初の「北支皇軍慰問」実施に至った経緯について、協会取締（理事長）の藤島秀光は次のように述べている。

わが大日本相撲協会では、征野千里大陸に転戦する皇軍将士を、なんとかして慰問してあげたいとおもっている矢先、陸軍恤兵部からの御希望で、中支那慰問の交渉を受けた。時宛《あたか》も南京陥落して日も浅い折柄とて、願ったり叶ったりのことであった。
（『近代力士生活物語』（復刻版）『大相撲鑑識大系7』所収、二〇〇一年）

「願ったり叶ったり」とは述べているものの、恤兵部からの具体的な要望を受けての実施だったことがわかる。前節で紹介したとおり、満鮮巡業においても大相撲と軍部の関係は良好だった。日頃は営利目的以外の諸活動に主体的にかかわりたがらない協会ではあるが、戦時期においては、公益に資する活動の場の確保という意味で、軍部の要請は渡りに船という心境だったのだろう。

それでは、実際に大相撲はいつ、どこに慰問に行ったのだろうか。表1は、日中戦争が勃発した一九三七年から四三年までの大相撲の皇軍慰問の実施状況である。これをみると、慰問する地域が戦況の推移とともに変化・拡大しているのがみてとれる。

実施年月日	慰問地
1937年（昭和12） 7月27日～8月18日	・満洲巡業後、朝鮮巡業から一部分離し慰問へ ハイラル→満洲里→チチハル→一面坡→牡丹江→勃利→林口→図們→清津から敦賀へ帰国
1938年（昭和13） ① 4月16日～5月4日 ② 8月11日～8月26日 ③ 8月10日～8月24日 ④ 8月13日～8月5日	・①は慰問のみ。②③④は満鮮巡業終了後に3班に分かれて実施 ① 南京→無錫→蘇州→杭州→上海から神戸 ② 阿城→チャムス→牡丹江→大連から神戸 ③ 北安→孫呉→ハルビン→大連から神戸 ④ ハイラル→チチハル→公主嶺→山海関→大同→張家口→北京→天津から帰国
1939年（昭和14） 7月25日～8月8日	・満洲巡業後、一部が帰国せず慰問と朝鮮巡業へ 青島→済南→北京→天津→阜新・錦縣・安東→朝鮮巡業へ（9月7日帰国）
1940年（昭和15） ① 8月7日～8月28日 ② 8月7日～9月 ③ 8月7日～9月 ④ 9月27日～10月27日 ⑤ 9月27日～10月27日	・「満洲場所」後、「北支」（①）と「北満」（②③）の2班に分かれて慰問へ。④⑤は慰問のみ。2班構成。④はさらに3組構成 ① 北京→大同→張家口→済南→青島→天津→安東→朝鮮巡業へ（9月7日以降帰国） ② ハイラル→満洲里→昂昂渓→チチハル→嫩江→北安→孫呉→黒河→（地名不明）→朝鮮巡業へ ③ 牡丹江→綏陽→綏芬河→東寧→東安→虎林→チャムス→朝鮮巡業へ ④ a. 上海→漢口→武昌→応城→応山→漢口→九江→南京 b. 上海→漢口→武昌→咸寧→蒲圻→漢口→南京 c. 上海→漢口→九江→安義→南昌→九江→南京 ⑤ 上海→杭州→南京→蚌阜→安慶で④と合流し上海から帰国
1941年（昭和16） 3月21日～4月20日	・この年の慰問は「南支」のみ実施 台湾→広東→台湾から内地へ帰国
1942年（昭和17） ① 7月26日～8月11日 ② 7月26日～9月3日 ③ 11月19日～12月1日	・「満洲場所」後、「北支」（①）と「北満」（②）の2班で実施。③は慰問のみ ① 北京→青島→済南→天津→帰国 ② 瓦房店→営口→遼陽→本渓湖→阜新→錦縣→通化→西安（遼源）→四平街→ハイラル→チチハル→孫呉→チャムス→東安→牡丹江→延吉→琿春→朝鮮巡業へ（9月下旬帰国） ③ 上海→蘇州→南京→帰国
1943年（昭和18） ① 8月11日～9月28日 ② 8月10日～9月24日以降 ③ 7月28日～9月24日以降	・「満洲場所」「大連大相撲」「華北場所」終了後、2班（①②）に分かれ実施。①はさらに2組構成。また大連興行のあと一部分離して③となる ① a. 牡丹江→東寧→綏陽→鶏寧→虎林→東安→林口→チャムス→黒河→孫呉→北安→チチハル→ハイラル→西安→通化→吉林→間島→琿春→帰国 b. 鄭家屯→白城子→阿爾山→昂昂渓→士爾池哈→札蘭屯→免渡河→璦琿→神武屯→双城堡→阿城→一面坡→勃利→滴道→林口→牡丹江→蘭崗→寧安→敦化→春化→琿春→帰国 ② 張家口→太原→石門→済南→青島→承徳→北票→錦縣→公主嶺→営口→海城→遼陽→撫順→奉天→本渓湖→平壌→帰国 ③ 包頭→厚和→平地泉→大同→運城→臨分→分陽→路安→太原→楡次→陽泉→保定→錦縣で②と合流→以下②と同じ

表1　財団法人日本相撲協会編『近世日本相撲史』第2巻、『相撲』第2巻～第5巻、および後藤康行「戦時下の大相撲と戦地への「皇軍慰問」」『専修史学』55号、2013年、を参考に作成。満鮮巡業の延長として実施された慰問に関しては、資料上で「皇軍慰問」とされている活動のみを巡業と切り離して掲載した

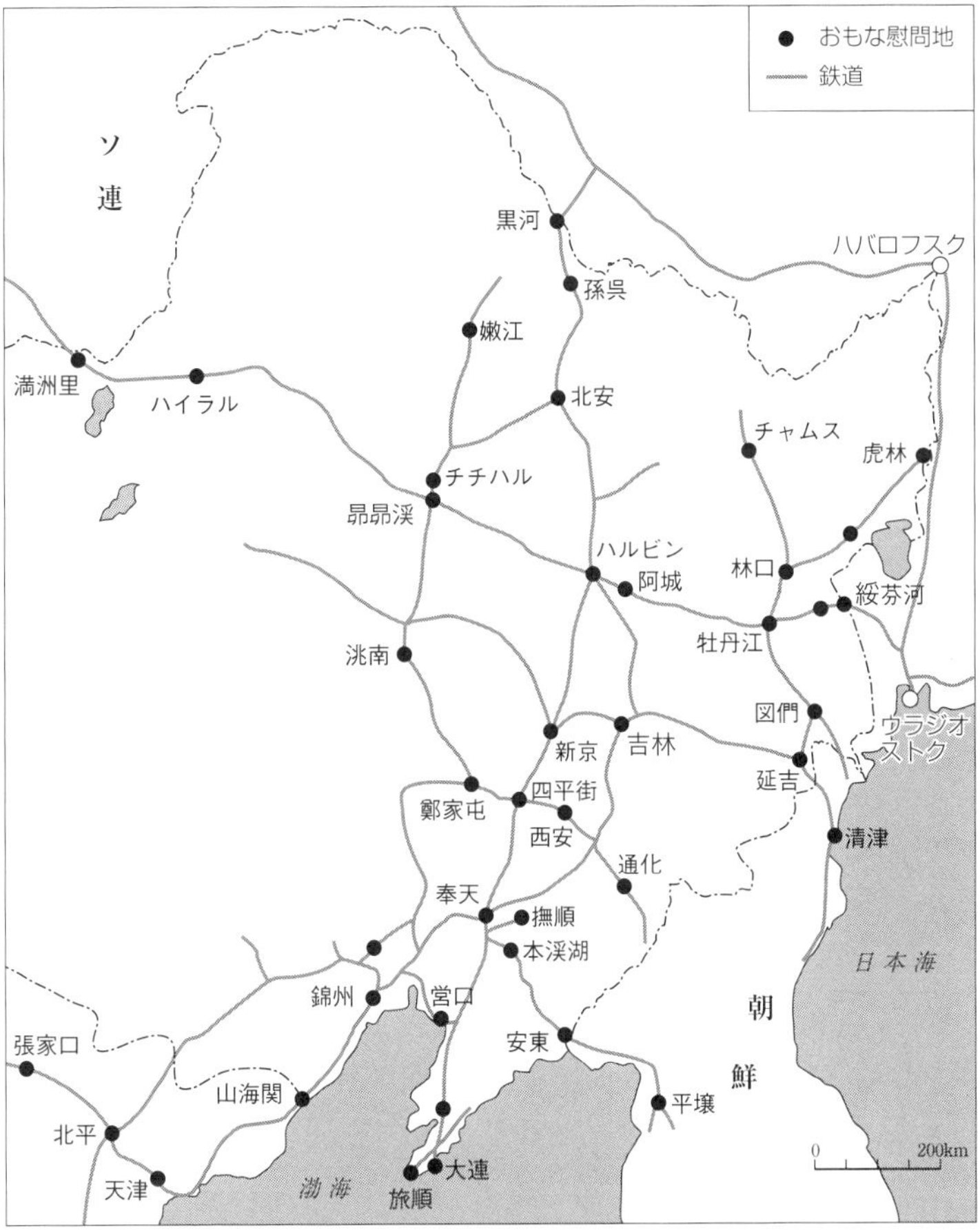

大相撲「皇軍慰問」のおもな訪問地①　朝鮮〜満洲

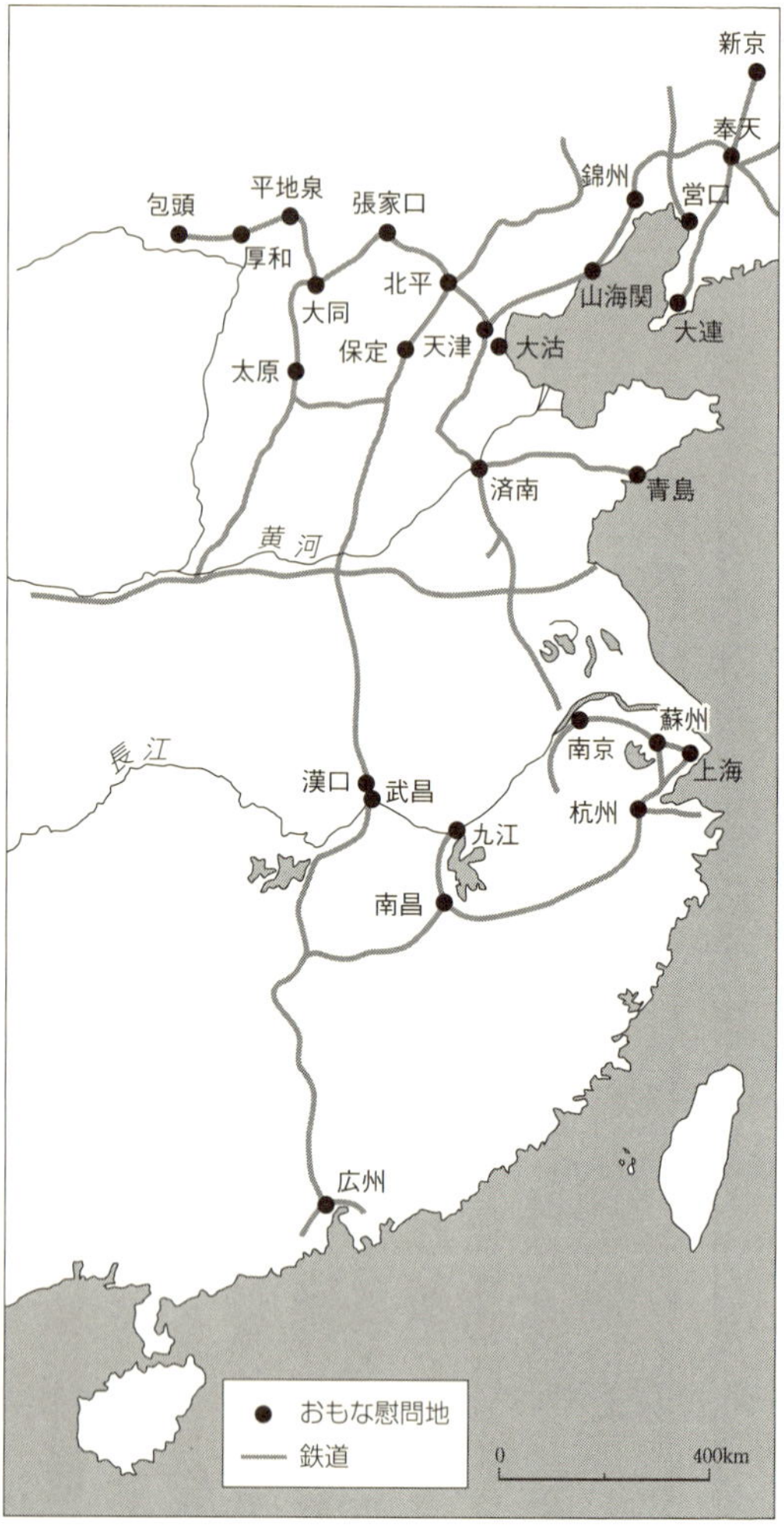

大相撲「皇軍慰問」のおもな訪問地②　中国

日中戦争勃発時には満鉄（南満洲鉄道）の浜洲線、浜綏線など、満洲国北東部の幹線鉄道周辺地域を訪れているが、三七年八月の第二次上海事変と、同年一二月の日本軍による南京占領によって華中に占領地が拡大すると、翌三八年には協会初の「中支皇軍慰問」を実施している。

また、三八年に張鼓峰《ちょうこほう》事件が、翌三九年に東安鎮《とうあんちん》事件とノモンハン事件が勃発するなど、満ソ国境では武力衝突が多発した。そのため国境警備が強化された影響か、四〇年の満洲国内の慰問先は嫩江、黒河などの黒竜江に近い拠点のほか、綏芬河、東寧、東安、虎林など豆満江沿岸の国境地域にまで及んでいる。

華中・華南地域では、汪精衛（汪兆銘）が南京に国民政府を樹立した一九四〇年以降、大規模な「中支慰問」と、初の「広東慰問」が可能となった。また、日本軍が中国の抗日根拠地やゲリラ地区の殲滅をはかるべく華北地方で展開していた掃討作戦に合わせるように、四三年には山西省の日本軍占領地でも長期間の慰問活動を実施している。まさに藤島がいうように、「かつてない大規模な組織」で、「慰問の範囲も比較にならないほど拡大」（『相撲』五巻八号、一九四〇年）されていったのである。

三八年の「北支慰問」

ここで、一九三八年（昭和一三）四月におこなわれた華北地方での慰問活動をみてみよう。これは従来のような満鮮巡業の延長ではなく、慰問のみを単独で実施したもので、協会が「最初の皇軍慰問」ととらえている活動である。

団服を新調して臨んだ藤島秀光団長は、横綱玉錦を筆頭とする百余名を引き連れて四月一六日に東京を出発、一八日に神戸から船で上海に向かい、南京、無錫、蘇州、杭州を巡って上海に戻り、五月四日に神戸に帰着した。藤島の記録（『近代力士生活物語』）によると、上海到着前、彼は船上で力士たちに以下の訓示を垂れた。

一、土俵上に於ては真剣に相撲う事。
二、土俵以外に於ては礼儀、作法を遵守し、見苦しき振舞いあらざる事。

三、飲食物に注意し、摂生を怠らざる事。
四、外出の際は所定の門限に遅れざる事。

まるで修学旅行の指導のようだが、おそらく内地の巡業でも守れない者がいるからこそのことだろう。同じ船には戦地に向かう兵士も同乗しており、力士たちは彼らと船上綱引き大会を催すなど、和やかな雰囲気もうかがえる。しかし力士団を率いる藤島にとっては落ち着かない船旅だったに違いない。

彼らの慰問活動の初日は四月二三日。南京市内の美術館横に特設した相撲場には一万人を超える将兵が集まった。藤島によると、「稽古中、兵士の飛入があって、非常な人気を博し、島田川《しまだがわ》伍長と荒駒《あらこま》の初切《しょっきり》もあり、場内割るるばかりの大人気」だったという。島田川はすでに応召した力士だが、初っ切りの名人ということで急遽部隊を離れて駆けつけたらしい。荒駒は湊川部屋の幕下力士である。

次の訪問地、無錫においても、慰問相撲の内容は南京と同様で、島田川らが相撲甚句や「爆弾三勇士」を歌って喝采を浴びた。杭州でも内容は大差なく「兵士五、六名の飛入があり、横綱玉錦にぶっつかる者、玉ノ海を投げる者などもあって、見物する兵隊さんの喜びは一方でなかった」という。

中国の戦場で兵士たちと談笑する、右から玉錦、藤島親方、玉ノ海ら。『写真図説　相撲百年の歴史』より

玉錦が参加した南京慰問の会場。『アサヒ・スポーツ』1938年5月臨時増刊号より

軍事訓練に参加する力士たちが表紙を飾る『野球界』。前列左から、男女ノ川、羽黒山、双葉山。1942年

1940年10月25日付の『写真特報　大阪毎日』に掲載された、戦車に乗る双葉山。景山忠弘編『目でみる昭和の大相撲(上)』より

当時の記録を読むと、飛び入りといい初っ切りといい、慰問相撲の場合はこれらの演目が重要な位置を占めていることがわかる。国技としての真剣勝負ではなく、本来の演芸重視の興行相撲に完全に振り切れているともいえるのだが、こうした参加型アトラクションを皇軍慰問でおこなうことには、思わぬ弊害も生じた。これについては次節で述べることにしよう。

南京の藤島は、慰問の合間を縫って兵站部差し回しの自動車で戦跡めぐりもしている。日本軍の上海占領から約五ヵ月、南京事件から四ヵ月しか経っておらず、街中には激しい戦闘行為の跡があちこちに生々しく残っていた。激戦地の光華門を見学後、蒋介石の別荘跡に足を運んだ藤島は「豪奢な建物で、宋美齢と限りなき栄華に耽ったこの建物も、我が皇軍の砲撃には一たまりもなく、屋根は飛び、壁は打ち貫かれ、二階広間には軍馬の死骸が横たわっている」と記している。その後は中山陵で記念撮影、さらに明の太祖洪武帝の陵墓に行って立派な石彫に感心し、最後は中国人街を巡って宿舎に戻った。

彼は他の訪問地でも主要観光地に足を運んでいる。蘇州の寒山寺、虎邱山、杭州の西湖のほか、国際都市上海ではフランス人経営のダンスホールも見物した。肝が冷えるアクシデントも、以下のように蘇州で経験ずみだ。

午前一時頃、突然銃声が聞えた。よほど遠くのようだが、電灯も消えた夜半のこととて少々うす気味悪い。無錫、蘇州近傍の敗残兵が、時々食料に困って、民家や宿屋を襲うことがあり、忽ち我が守備隊に追いまくられると云う。今のもそれであろう。

(『近代力士生活物語』)

戦跡をめぐって激戦を実感し、戦死した日本兵を哀悼する。歴史的建造物や優美な風景を愛で、時に銃声を聞いてちょっとしたスリルを味わう。相撲以外の藤島の記述は、新潟県の飯塚知信のそれと驚くほどよく似ている。戦時の上海や南京、蘇州、杭州などの江南地方を、ある種の新奇な観光地とみなす日本人が、当時少なからずいたということだろう。

しかし、大相撲の皇軍慰問が観光気分なのはこの地域のみである。表1にあるように、この年は藤島一行とは別に、満鮮巡業を終えた相撲団が三つに分かれて慰問に赴いている。満洲北部の牡丹江方面には男女ノ川一行、ハルビン方面には武蔵山一行の出羽海組合、そして双葉山一行はハイラル、チチハルから大同、北京、天津という陣容だ。この三コースは藤島の行程とくらべてはるかに過酷な旅だった。

3　力士と兵士が出会う場所

満ソ国境へ

前述のように一行の慰問先は、満鉄沿いの大都市・中都市のほか、開拓移民村や軍の駐屯地がある満ソ国境にも及んだ。また華中・華北の占領地域では、北支那方面軍の前線地区まで訪れている。本節では当時の資料などから、その実態を追ってみよう。

満洲国内の場合、彼らの基本的な移動手段は鉄道である。一九三七年（昭和一二）七月にハイラル方面に向かった双葉山一行一〇四名に関する記録によると、彼らは関東軍司令部が発行した証明書を

上海の大プールで開かれた慰問相撲。双葉山、男女ノ川らが参加。『アサヒグラフ』1940年10月23日号

携帯しており、通行の自由が保証されていた。証明書には、「交通宿泊ニ関シテハ総テ自弁トスルモ他ニ方法ナキ時ニ限リ応分ノ便宜ヲ受クルコトヲ得」という一文も添えられていたが、結果的に鉄道はすべて無料で利用できたようだ。駅から駐屯地や宿舎までは、軍のトラックで送迎されることもあった。

慰問団は、都市部では一般の旅館、駐屯地では兵舎や学校などに分宿することが多かった。食事は内地の巡業と同様に、付け人たちがちゃんこを作ったが、飲食店などで在留日本人に接待される場合もある。記録をみると、満洲国内の都市部周辺では、軍や警察のほか、日本人後援者の手厚い支援などもあり、移動・宿泊・食事全般にわたり比較的快適な旅であったことがうかがえる。

しかし、国境付近での活動報告からは一転して緊迫した空気が伝わってくる。

一九四〇年八月七日、満洲場所を終えた「北満方面第一班」は、ソ満国境方面への慰問に出発した。団長は大山渉(元関脇高登)、ほかに大潮、龍王山、増位山、藤ノ川など計三五名の小規模な相撲団である。

彼らは新京からまず西部国境沿いに向かい、ハイラルから満洲里、チチハルを経て寧霍線や北黒線付近で慰問をこなしたのち、八月二一日、黒竜江沿いの国境地帯に位置する黒河に到着した。当時関東軍は、満洲国を基地として対ソ戦を計画・準備しており、国境地帯でのソ連軍への挑発も辞さないという方針を固めていた。力士たちが訪問した黒河の要塞は、毒ガス兵器が配備されたといわれる場所でもある。

到着後すぐに一行が向かったのは、小高い丘にある黒河神社である。ここからは黒竜江を隔ててソ連領のブラゴヴェシチェンスクの街が見渡せ、トーチカや鉄条網などが手に取るように確認できたという。夜半に河沿いを散歩すると、ソ連兵舎から風に乗ってレコードの音楽がかすかに聞こえるほどの近さだった。「満洲里の国境とは異なった、緊張した国境の気分を体験した」「こんなことは、内地の方々の想像だにできぬことと思う」と大山は記している（『相撲』五巻一〇号、一九四〇年）。

翌日は、部隊の営庭で午前と午後それぞれ二〜三時間ずつ相撲を披露した。午前中に駐留部隊の営庭でおこなわれた際は、多数の兵士のほか、小学生二八〇名、満鉄社員など一般市民も観覧したようだ。

さらに翌二三日、一行は黒河からバスで一時間半ほどの場所に駐留する前線部隊から慰問を「懇望」され、急遽出向いている。記録では地名が伏せ字になっているが、「他の部隊の将校でさえも、関東軍司令官の許可書がなくては入れぬという厳重」な場所で、「慰問などは勿論、電気さえなく、御労苦に対して思わず頭がさがった」という。

ここで彼らは稽古を披露し、初っ切り、飛び入り、相撲体操などで四時間ほど兵士を楽しませた。大山にとっては「見物中の勇士が狂喜する様をみては、思わず涙を禁じ得なかった」というほど手応えがあったようだ。

無事に任務を終えて黒河の部隊に戻った大山は、夕食後、憲兵隊長の案内で「満洲にただ一ヶ所しかない公認賭博場」の見物に出かけている。「ここへ入るのは満人のみに限られており、黒竜江上流の砂金採取人と、筏流人夫の遊び場所」で「書物で見るモナコの賭博場と同じよう」(『相撲』五巻一〇号)などと書き留めている。一七日間の比較的短い行程とはいえ、前線への慰問は緊張を強いられただろう。肩の荷をおろした大山団長が、やっとくつろげた夜だったのかもしれない。

アメーバ赤痢、疲労、敵襲

このように大相撲の皇軍慰問はどこに行っても歓迎されたが、遠方までかり出される力士たちは当然のことながら大きな精神的・身体的負担を抱えることになった。内地とは異なる気候や食生活、長時間の移動などで体調を崩し、赤痢やマラリアなどに罹患する者も続出した。

たとえば横綱双葉山は、一九三八年(昭和一三)夏の「北支慰問」の際、現地でアメーバ赤痢に罹患した。アメーバ赤痢は寄生虫によって引き起こされる腸炎で、下痢や下腹部の痛みに繰り返し襲われる。そのときのことを、彼は後年、次のように回顧している。

わたしも入門まもなくの昭和二年に、満州で脚気をわずらいましたが、それよりも困ったのは、昭和一三年に満鮮巡業につづいて北支に足をのばしたときのことです。あのときは軍の慰問を目的に出かけたのですが、運悪くアミーバ赤痢にやられ、すっかり衰弱してしまって相撲場に出かける以外は、ずっと旅館に寝たきりでした。

とはいえ、大スターの来訪を誰もが待ち望んでいる。せめて顔だけは見せようと、双葉山は何とか土俵入りだけは務めた。しかし、一日で複数の部隊を慰問するため、そのたびに同じことを繰り返さなければならない。おかげで彼は心身共に疲れ果ててしまった。

あのときは満州で他の部屋の人々に分かれて、わたしどもだけが北支に回ったのですが、治安もあまりよくないなかを、羽黒山や名寄岩《なよろいわ》等々といっしょに、張家口、大同まで入りました。わたしとしては、後にも先にも経験したことのない苦しい巡業だったといえましょう。

（『横綱の品格』二〇〇八年）

当時双葉山は、前人未到の六六連勝中だったが、この感染症で体重が一五キロ近く減り、その後も体調が戻らなかった。結果的に翌一九三九年（昭和一四）一月の春場所では、四日目にあたった安藝ノ海についに敗れ、記録は六九連勝でストップしたのである。一方の安藝ノ海自身も、満洲巡業中にマラリアにかかり再発を繰り返していた。このほかにも皇軍慰問で体力を消耗し、帰国後の本場所で成績不振に陥る力士が続出した。

戦局が悪化していた華北・華中方面への慰問は、さらに生命の危険をともなう。力士たちも決して積極的に出かけたわけではなかった。昭和三〇年代に関脇出羽錦として活躍した田子ノ浦忠雄によると、自身が初土俵を踏んで二年目のころ、次のような出来事が起こったという。

一九四二年一一月、安藝ノ海、照国一行が上海、蘇州、南京への慰問を計画した。ところが天候の都合で内地での興行が長引き、一行は予定の船に間に合わず、唯一、行司の木村良雄だけが乗船した。ところが不幸なことに、この船が敵襲に遭い沈没してしまったのだ。もし自分も乗っていたら今頃……と、全員が震え上がった。

さて、その翌々日が大変である。

上海の慰問には行かないと言い出す者が、半数以上の多きに及んだ。

幹部の親方、関取衆が集まり、

「軍の慰問だから、行かなくてはならぬ」

という意見と、

「われわれは、兵隊でも軍属でもなく、慰問隊なのだから、そんな危い所へは行かんでもいい」

という意見とまちまちで、収まりそうもない。長くもめたことはいうまでもないが、結論をいうと、当時の日本では軍の力が何よりも大きく、いやいやながら全員慰問に参加することになった。行くと決まってからは、三、四人逃げ出した者もあった。

（田子ノ浦忠雄『土俵の砂が知っている』一九六五年）

「いやいやながら全員参加」というのが、慰問団の本音だったのだろう。軍部や協会幹部にさからうことは難しい。行き先は一九三八年の藤島たちと同じ上海や南京だが、藤島のような観光気分を、四年後の彼らは味わえなかった。

待ちわびる兵士たち

こうして否応なく戦場に赴かざるを得なくなった力士たちだったが、彼らが現地で一様に驚いたのが、自分たちを熱狂的に歓迎する兵士の姿である。

兵士が力士を待ちわびるのには訳があった。相撲は用具を必要とせず、狭い場所でもすぐに遊べるので、最も手軽な戦地の娯楽として親しまれていたのだ。精神的な緊張感を高め、身体の鍛錬にもつながるとされる相撲なら、部隊の士気を気にする上官たちも安心して推奨できたのだろう。『中央公論』元編集長で、陸軍主計中尉として華中に駐留した佐藤観次郎《さとうかんじろう》によれば、どの部隊でも、駐留地には兵士たちによって本格的な土俵が作られ、必ず相撲がおこなわれたという。

兵役を終え、東京に帰還した九州山（左から2人目）。出迎えた藤島（右）。1940年9月7日

軍事訓練で九州山の大坪上等兵（左）から教えを受ける鹿嶌洋

陣中では、戦争が終わると、少しの退屈凌ぎに困るのです。気分の転換に、兵隊に異った気持を持たせて、しかも、今迄の張切った心持を維持させるのは、矢張り相撲が一番良いようです。土俵さえあれば、すぐ取れるのですから、大変楽なものです。(中略)

僕達が行った武昌、漢口や黄陂、京山、応城その他至る所に、ちょっと駐留になると、何処の部隊でも必ず相撲が行われます。

(『相撲』四巻一一号、一九三九年)

力士自身が出征し、兵士として戦地の相撲を目にした者もいる。出羽海部屋の九州山《きゅうしゅうざん》は、小結に上がった一九三八年、大阪国技館での興行中に召集令状を受け取った。そのほんの三〇分前に、幕下の筑紫洋《ちくしなだ》と南山が応召の挨拶に彼の元を訪れたので「しっかりやって来い。俺も後から行くから」と励ましたばかりだったという。その後二年間にわたり中国各地を転戦、一九四〇年に無事帰還した。四二年の夏場所では横綱羽黒山から勝ち星を挙げるなどの活躍をみせたが、四五年に廃業、戦後はプロレスのレフェリーに転身した。

彼によれば、兵士たちは祭日や記念日などにも余興としてしばしば相撲を取ったという。また宣撫の目的から、現地の中国人を集めて相撲を見せることもあった。九州山が一人で一〇人にあたる「十人掛」を披露すると、中国人は口々に「力多多大人」といって彼に敬意を表したという。

このように相撲に親しむ戦地の兵士にとって、ラジオやニュース映画でなじみのある上位力士たちの来訪は、さぞや胸躍るイベントであったに違いない。前線地区や国境地域など、他の慰問団もめったに訪れない場所の場合は、なおさらである。

一九四三年に満ソ国境地帯の慰問に参加した大関前田山《まえだやま》は、雑誌の座談会でこう述べている。

それと、感激することは、汽車に乗っていると、その沿線の兵舎内でよく兵隊さんが相撲をとっていられるのを見受ける。私らが汽車の窓から体をのり出して声をかけると、向うでは相撲をとるのをやめて、汽車の見えなくなるまで盛んに手を振っている。なんとも言えない、胸の熱くなる気持ちです。

（『日の出』一三巻一号、一九四三年）

大相撲の慰問の知らせを聞くと、相撲好きの兵士たちは、そのチャンスを逃すまいと一行の来訪を首を長くして待った。兵士はいつ新たな任務を帯びてその地を離れるかわからない、明日をも知れぬ身である。慰問団との出会いは一期一会なのだ。先述の田子ノ浦忠雄は、国境地帯で次のような光景を目にしている。

それでも、奥地慰問は張合いがあった。見物にくる兵隊さんも宿泊地のものばかりではない。十里も十五里も先から集まってきてくれる。前の晩か、よほど朝早く隊を離れてくるのだろう。関取衆が相撲をとるころには、木陰でスヤスヤと眠っているのをみかけた。

（『土俵の砂が知っている』）

もちろん、兵士たちが期待しているのは、満洲場所のような粛々とした真剣勝負ではない。お好みや初っ切りのほか、どの慰問先でも人気があったのはやはり「飛び入り」である。兵士たちはかわるがわる土俵に上がり、プロの力士を相手に思いきり力試しを楽しんだ。

立浪部屋の大関名寄岩《なよろいわ》は、一九四〇年の「中支慰問」で湖北省東部の都市、漢口（現在の武漢市の一部）を訪れているが、そのときの「飛び入り」について、次のように述べている。

漢口の初日は大変な賑いでした。午前八時頃相撲場に乗込みました。午前十一時頃になると兵隊さんも気分が出て来て、土俵に上り、飛入りがはじまります。四十人位が、かわるがわる飛入りするのです。自信のあるものだけが、兎に角相当強く、平均すれば序二段位の実力でしょう。南昌でも十五、六人の兵隊さんの飛入りがあったが、いずれも強い。

（『野球界』三一巻一号、一九四一年）

名寄岩は「怒り金時」の愛称で知られる人気力士である。持病に悩まされながらも敢闘賞を二度受賞するなど、実直に土俵を務める姿が多くの相撲ファンの胸を打った。漢口の飛び入りでこのスター力士の胸を借りた兵士は、どれほど嬉しかったことだろう。

沸騰する熱狂を背に

同じころ、マラリア治療のため漢口の病院に入院していた陸軍将校の福原彰夫は、大相撲が慰問に来ると聞いたときは半信半疑だったという。東京の国技館でさえ満員札止めで観覧がかなわなかったのに戦地で見られるとは、まさに「突飛すぎるよろこび」だったからだ。

しかし、それは夢ではなかった。双葉山や羽黒山、名寄岩などの大スターが病院を訪れ、彼の病室を見舞ったのだ。彼の文章からは、その時の興奮と感激が伝わってくる。

私が入院してからでも、幾組かの慰問団が訪ねてきた。流行歌手、軽音楽団、浪曲師等、それはそれで楽しかった。おのおの芸能と共に内地の香を運んで来てくれるからだ。が、大相撲は、場所ごとに沸騰する全国数百万の熱狂を背に負ってくるではないか、こんな豪華な慰問が他にあろうか。

（『相撲』七巻九号、一九四二年）

一行は漢口で二日間の慰問相撲をおこない、福原も会場の中山公園まで見物に出かけた。「声援と拍手の交錯する相撲場の雰囲気」を楽しみ、双葉山と記念写真も撮っている。彼は次のような感慨を抱いた。

相撲を観た二日間、私は妙な錯覚におちたことがしばしばあった。前線に居るにしては、あまりにも平和な情景なので…。

殊に相撲場の夕景は、蜃気楼を見るようだった。また夕映の中の力士は、絵から抜け出たとしか思えなかった。それなのに、わあッと挙る歓声に、突撃の喊声を連想して、不図緊張する私だった。

（『相撲』七巻九号、一九四二年）

心身ともに疲弊している福原にとって、漢口での大相撲観戦は夢うつつの出来事だったのかもしれない。内地にあるはずの平和や繁栄の熱気までも、大相撲はその背にしょって連れて来てくれた。しかし現実の眼前にあるのは、いつ終わるとも知れぬ不毛な侵略戦争である。蜃気楼のような相撲場と戦場の喊声が入り交じるさまをつづるこの一文は、読む者の胸に迫るものがある。

「南支」の大相撲

さて、日本は一九四〇年（昭和一五）に汪精衛政権を樹立させ、その後も重慶の蔣介石国民政府攻略にあらゆる手を尽くしたが、成功に至らなかった。同年九月、膠着する日中戦争の打開策をもたないまま、「南進」に新たな好機を見いだそうとした日本軍は、仏領インドシナ北部（北部仏印）への武力進駐を開始した。

当時、華南戦線と南進作戦を展開する南支那方面軍の拠点は、中国広東省の広州に置かれていた。一九四一年四月、大相撲は軍部の戦線拡大に歩調を合わせるように、広州にも慰問団を送っている。この「南支慰問」について、協会機関誌『相撲』や、本章冒頭で紹介した『近世日本相撲史』はなぜかほとんど言及していない。しかし朝日新聞外地版の紙面には、「皇軍慰問の大相撲　笠置山関一行遥々広東へ」という見出しで以下のような記事が掲載されている。

南支でははじめての国技相撲で南支皇軍を慰問しようと、陸軍省恤兵部から派遣された笠置山関以下一行七十五名は、さる三月二十一日来広、旅の疲れを休めるいとまもなく、二十二日午前九時から、広東中山記念堂内に造られた土俵で早速熱戦を演じ、ぎっしり詰った見物の勇士達は、久しぶりに見る相撲の妙技に暑さも忘れ歓声をあげてみいった。見物勇士の中には相撲協会出身の力士もあり、久方ぶりに見る旧友の懐かしい土俵姿に思わず軍服を脱ぎ捨て一丁揉み合うなどほほ笑ましい飛入り相撲も展開した。

（朝日新聞外地版（台湾版）一九四一年四月二一日）

これは出羽海部屋の年寄出来山（元横綱武蔵山）を団長とし、笠置山、磐石、鹿嶌洋など幕内力士を中心に構成された慰問団である。一行は四月一九日には慰問を終え、台湾の基隆港に帰着した。この「南支慰問」について、出来山は次のように述べている。

私達は今までに中北支、北満国境にまで慰問したことがあるが、こんどほど第一線の緊張した感激を覚えたことはなかった。（中略）兵隊さん達は私ら一行の来るのをどれほど待ちこがれていたかを聞いた時は、どんなことがあっても、それこそ命がけでやらなければならないと決心をさせられた。驚いたことは、南支における相撲熱の旺んなことで、部隊のどこに行っても必ず土俵が造られていて、その練習振りを見ても規律正しく私達も顔負けしたほどである。

（朝日新聞外地版（台湾版）一九四一年四月二〇日）

「飛び入り」に疲労困憊

しかし力士たちにしてみれば、これは本場所の合間の一ヵ月間を亜熱帯気候の土地で過ごすという、非常に苛酷な業務であった。『野球界』（三一巻一四号、一九四一年）には、大久保澄夫という人物が、「南支慰問力士団の苦闘」と題する一文を載せている。大久保によると、南支慰問の参加力士たちは四月二六日に東京に戻ったが、本場所直前というのに「大抵の者は二三貫匁位は体量を減らして」しまい、「腹がペチャンコになったり、足腰がフラフラして稽古場へ下りても二日三日は稽古らしい稽古も出来なかった」という有様だった。二三貫匁といえば七・五〜一一キロほどだから、見た目にもゲッソリと映ったことだろう。

とりわけ番付上位の力士が帰国後の本場所で成績不振だったのには、もうひとつ理由がある。既述のように、慰問相撲の目玉は、兵士たちが土俵に上がって力士と対戦する「飛び入り」である。南支慰問でもこれは同様だった。

兵隊サンは夫れを非常に喜ぶのであって、磐石だの、鹿嶌洋だのという大きな人が相手になって転がってやったり、相撲の取方を教えたりして一緒になって親しむ。それがあの人達に取っての何よりの楽しみなのである。そう云う事にかけては、幾ら有望でも三段目以下の名もない人では適しもせず、望まれもしないので、相手はいつも幕内の人達ばかりなのだ。

（『野球界』三一巻一四号、一九四一年）

つまり上位力士は、兵士たちの求めに応じて四六時中「飛び入り」の相手をする羽目に陥ったのだ。これこそまさに彼らの勤労奉仕ではあるが、体力を激しく消耗したことだろう。それでは下位力士は楽でいいかというと、重い荷物を持たされて長期間の旅を続けるため、こちらも疲労困憊した。結局この南支慰問は、全員がボロボロになって帰ってきたのだった。参加力士のひとり、小結笠置山も帰国後の夏場所では五勝一〇敗で負け越している。

ただし笠置山の場合は、優等生ゆえに「もう行きたくない」とは言えなかった。二年後の一九四三年春場所の頃、今後の南支慰問について次のように述べたという。

兵隊さんの征くところ、私たちはどこまでも慰問相撲に行きたいですよ。兵隊さんがどんなに喜んでくれるかと云うこともよく判っています。行ける時期が来たら——ただそれだけです。その時はまず人数は三十人位にして、締込みなどの必要なもの以外は荷物もできるだけ簡単にしたい。マニラ、ジャワ、昭南……と大体二ヶ月あれば……。（近藤良信編『撃つ体育人』一九四三年）

だが彼の意向はかなわず、資料上でみる限り、南方への慰問はこの一回だけで終わったようだ。これまで日本軍の戦線拡大路線に何とか沿ってきた協会だが、南支慰問は人員確保や費用の面で負担が重すぎたのだろう。それどころか協会の皇軍慰問の継続自体が、戦況の悪化とともに限界に近づいていた。結局一九四三年夏を最後に、協会の外地における皇軍慰問は終了したのである。

相撲の向こうにみえるもの

最後に、協会が慰問に行かなかった南方戦線の占領地の大相撲について、少しだけふれておこう。

朝日新聞記者の齋藤良輔は、一九四二年（昭和一七）に海軍報道班員として蘭印方面作戦に従軍した際、興味深い記録を残している。齋藤は、スラバヤ軍港、ニューギニア、ティモール、セルッカ群島の攻略などを取材したが、あるとき南方戦線の兵士たちが大相撲のラジオ中継を聴く光景を目にした。

時期は陸海軍がニューギニア東部に上陸後の、ポートモレスビー攻略直前のころであろう。モルッカ諸島アンボンに駐留していた海軍特別陸戦隊は、オランダ軍が放置していった「豪華な短波式ラジオ」を手に入れた。折しも内地では一九四二年夏場所の最中である。太平洋戦争開始以降、外来スポーツが批判の対象となるなかで、唯一大相撲だけがNHKのラジオ放送を許可されていた。激しく雑音が入るラジオのダイヤルを調整しながら、「ラジオの前に耳を押しつけ押しつけ」て国技館の力闘を思い描いている兵士たちを、齋藤は次のように描写している。

それは母の声を恋うる幼児のように、〝祖国の声〟は勇士たちの胸へ海綿のように吸収されて行った。しみじみと味わうように眼を閉じている兵曹。生々と眼を光らせている者もあった。しかも誰もが一言も口に出さない一瞬であった。
「ああ、内地じゃァ、こうして立派に相撲をやっているんだなァ！」
誰やらがポツンと熱のこもった口調で、しっかり云った。

（『撃つ体育人』）

日本から遠く離れた場所で想像を絶する日々を送る彼らにとって、内地の本場所がいつものように賑々しく開催されている事実を音声で確かめることは、「母の声」、つまり「母国」に健全な日常が存在することを実感する経験だったのだろう。齋藤の記録のみならず、戦時期の雑誌『日の出』（一三巻一号、一九四三年）には、「敵国に抑留されている同胞が、祖国では戦争の真最中に大相撲が行われているという国内の余裕綽々たる状態を偲び、非常に安心をしている」という記者の意見も紹介されている。

戦地にやって来る力士たちの肩越しに、あるいはラジオから聞こえる相撲中継の歓声に、「立派に相撲をやっている」母国がみえてくる。大相撲が「ある」ことは、そこに住む家族や友人の安寧を連想させたのかもしれない。

実は大相撲は、一九四五年の敗戦直前の六月にも、焼け残った国技館の一角で、客を入れずに本場所を開催している。『おすもうさん』（二〇一〇年）の著者、髙橋秀実《ひでみね》氏が第二八代木村庄之助に取材したところによると、これは軍部に通常開催を要請されたからで、「中国や南方向けに、〝相撲をやっている〟という放送をしたかった」からだという。たとえ観客がいない静かな本場所であろうとも、せめて大相撲がちゃんと続いていることを、軍部は外地の日本人に伝えようとしたのだろう。

兵士たちが大相撲の向こうに見るものは、強国としての日本だけではなく、時として故郷そのものだったのではないか。そう思わせるエピソードを、一九四〇年の中支慰問に参加した横綱双葉山が語っている。

武昌、咸寧に次で蒲圻に行きましたが、この附近の皇軍が占領した地区の中には大小・高低さまざまの山が多くありまして、それらの山は皇軍によってそれぞれ名がつけられており、中には双葉山、羽黒山などというのもあります。私は、〇〇部隊長閣下から、「これが双葉山だ」といってその山の写真を頂いてまいりましたが、聊か恐縮せざるを得ませんでした。

（『相撲』五巻一一号、一九四〇年）

外地に開拓団として移住した日本人移民と同様に、前線兵士たちも駐屯地附近の山になじみの名前をつけていたのだろう。もとより力士のしこ名は、「山」や「川」など出身地の自然にちなんでつけられることが多い。異国の山を力士のしこ名で呼ぶとき、兵士たちが故郷の山河やそこに住む家族、相撲を取って遊んだ幼少時の記憶などを思い起こしたとしても不思議ではない。

つまるところ前線の兵士たちは、堅苦しい「国技相撲」の観戦など求めてはいなかった。皮肉なことに、内地ではさんざん揶揄された大相撲の豊かな娯楽性こそが、戦場で最も愛されたのである。それは見て聞いて拍手をし、歓声を上げ、時には土俵に上がって自分が力士と取る相撲だ。大相撲とふれあうときの喜びや懐かしさが、そのまま故郷や家族を思う心情につながる者もいただろう。そして何より大相撲が「ある」ことに、多くの人々が救われたのである。

終章 叱られて、愛されて

好角家として知られるサトウハチローと語らう出羽ノ花。
のちに武蔵川親方として、戦後の協会運営に腕をふるう

大空襲と国技館

前述のように、戦地に向けて放送した敗戦前の最後の本場所は一九四五年（昭和二〇）六月に国技館でおこなわれたが、実は関係者にとって、これは想定外の出来事だった。というのも、国技館は前年の二月に軍部が接収し、「風船爆弾」製造工場に転用していたからである。ホームグラウンドを追い出された大相撲は、同年五月と一一月の本場所を、東京小石川の後楽園球場で開催している。

ところが四五年三月、東京大空襲で下町一帯は炎に包まれ、国技館も激しく損壊した。ドーム型の屋根はかろうじて残ったが、ガラスが吹き飛び天井には大きな穴が開いた。大相撲がここに舞い戻ってきたのは、五月場所の会場として予定していた明治神宮外苑相撲場も被災し、行き場がなくなったためである。国技館がすでに修復すら見込めないような廃墟と化していたからこそ、形ばかりの本場所開催が可能となったのだった。

国技館を失うということは、大相撲が自前の施設を持たなかった苦しい時代に戻ることを意味する。一九〇二年（明治三五）に「大角力常設館」が完成するまでは、興行が天候に左右され、収益も不安定な「その日暮らし」だった。再びそんな状態に陥りたくないのはもちろんだが、そればかりではない。三六年間の歴史を刻んだ国技館は、すでに単なる施設というより、大相撲が「ある」ことを示す唯一無二のシンボルとして特別な存在感を放つようになっていた。人々は国技館を見上げて大相撲を思い、そこに華やかな幟がはためく本場所を心待ちにした。大相撲が戦前と同様に世の中から忘れ去られることなく「あり続ける」ためにも、国技館を一日も早く復活させることが関係者に求められたのである。

しかし、戦後の混乱期にそれを実現するのは至難の業である。結局、台東区蔵前に再び本格的な国技館が完成する一九五四年（昭和二九）まで、大相撲はあちこちに仮設会場を建てては綱渡りのように興行を継続した。戦後一〇年近くにわたり、国技館は流浪の旅を続けたといえるだろう。

本書の序章は、現在の両国国技館の本場所の光景から始まった。それに続く各章では、明治から大正、昭和期前半の日本内地や外地を舞台に、相撲をめぐる人や事物について話を紡いできた。

そこで本書を締めくくる前に、終章であらためて戦後の国技館に注目してみよう。そののち、これまで各章で登場した人々に目配りしつつ、戦後の大相撲をめぐる動きを駆け足でみてみたい。現在の大相撲がなぜ今のようなかたちで存続しているのか、その答えをさぐりながら、本章を結びの一番とさせていただこう。

1945年３月10日未明、米軍機の空襲で罹災する国技館。『大相撲五十年史』より

敗戦三ヵ月で本場所開催

廃墟同然の国技館とはいえ、一面の焼け野原が広がる下町で、その大きな丸屋根は遠くからでもすぐに見つけることができた。大阪相撲の呼出しとして第二章に登場した前原太郎は、その後、大日本相撲協会勤務となり、戦時中も疎開先の小田原から両国に通っていた。前原は、敗戦直後に茫然自失で眺めた国技館につい

て、こう語っている。

道行く人々のうつろな眼は、とうてい日本人の姿とは思えやしない。何も彼も失くなってしまったのだ。

だがしかし、私も同じうつろな眼で、両国橋畔の焼野原に立ち、はッと気がついて見上げたとき、思わずわれに返って勇気を奮い起させてくれたのは、あのなつかしいまんまるい国技館の逞しい姿だった。

（前原太郎『呼出し太郎一代記』）

一九四五年（昭和二〇）秋、この丸屋根をめざして、関係者たちが疎開先や戦地から戻ってきた。両国には春日野、立浪など、かろうじて焼け残った部屋があったので、春日野（元・栃木山）のほか出羽ノ海（元・両国）、武蔵川（元・出羽ノ花）、佐渡ヶ嶽（元・阿久津川）、楯山（元・幡瀬川）などの年寄と藤島（元・常ノ花）理事長が中心となり、再起をはかろうと動き始めた。

とはいえ、そうやすやすと十分な人員がそろうはずもない。前原太郎によれば、呼出しは彼以外一人も戻らず、仲間の多くは故郷にとどまったりヤミ屋や露店を出したりして生活の糧を得ていたという。おそらく力士たちも似たような状況だっただろう。

しかも、これまで相撲協会は物心両面で軍部の支援を受けていたため、突然社会に放り出されても資金繰りの目途など立とうはずもなかった。元関脇出羽錦の田子ノ浦忠雄によれば、出羽ノ海親方は自身の実家の山や田畑を売って経費に充てたという。おそらく彼に限らず、年寄勢はみな途方に暮れながら自腹を切ってしのいだのだろう。

1945年11月、両国国技館で開かれた戦後初の本場所

武蔵川親方の自伝『武蔵川回顧録』（一九七四年、以下、『回顧録』）によると、そうこうするうちに力士も二二〇名ほど集まったので、小規模な一団を結成し、千葉や埼玉など東京近郊の農村を回った。入場料の代わりに米や野菜などの食糧を調達できるので、彼らはこれを「米巡業」と呼んでいたという。

こうして糊口をしのぐだけで精一杯にみえた大相撲だが、意外なことに、一九四五年一一月には早々と本場所開催にこぎつけている。敗戦からわずか三ヵ月、会場は取り急ぎ修理をほどこした国技館だった。

「千二百年前から相撲はスポーツである」

敗戦直後の混乱期に大相撲がこんなに早く復活できたのは、思えば不思議な話である。

戦時中の大相撲が軍部の意向に沿った活動を展開していたことは、本書で述べてきたとおりだ。歴代の大日本相撲協会長には陸海軍大将が就任し、力士たちは軍の要請に従って皇軍慰問をおこなった。いにしえより天皇と関わりの深い神事とされ、武道につながる相撲道を自任し、「お国のための相撲」をさかんに鼓吹した。これほど軍国主義に加担したはずの大相撲なのだから、ＧＨ

Q（連合国軍最高司令官総司令部）の占領下にある状況で、その動向が監視されてもおかしくはない。

実際に、剣道・柔道・弓道などの「武道」は、敗戦後ただちに教育現場で指導禁止となるなど厳しく規制されていた。日清戦争直後の一八九五年に結成以降、武道界の統括団体として君臨していた大日本武徳会も、一九四六年に解散の憂き目に遭っている。その後、柔道の選手権大会が復活したのは四八年、剣道に至っては五三年にようやく開催が認められた。

ところが大相撲の場合、余計な心配は無用であった。日本相撲協会博物館運営委員監修『近世日本相撲史』（第三巻、一九七八年）によると、GHQは一九四五年一一月一六日からの本場所開催をあっさり許可したうえに、「マッカーサー司令部も観戦を希望している」からと、初日の前日に米兵向けの慰問相撲をおこなうよう協会に要請してきたというのである。

観戦する進駐軍兵士。『アサヒグラフ』1945年12月5日号

どうやらGHQは、はなから大相撲を娯楽ととらえていたらしい。当時、協会の財務担当だった武蔵川も、「鬼か蛇のように思われていた進駐軍も、接してみれば意外に紳士的な政策を打ち出してくる」と回顧している。

また、同時期にプロ野球が東京と大阪で試合を再開するという噂を聞き、「我々も是非復活させようではないか」と意気が上がったのだという（『回顧録』）。アメリカ発祥のスポーツを引き合いに出して大相撲も何とかなると気楽に考えていた状況からみても、協会を取り巻く状況にそれほど危機感はなかったことがわかる。

　こうしたGHQの認識を協会が否定するはずもなかった。理事長の藤島秀光は、一九四六年一月に一一ヵ月ぶりに復刊した雑誌『相撲』で、「相撲の復原と刷新」と題する巻頭言を書いているが、この一文には協会の方向性がわかりやすく示されているので紹介しよう。

　ここで彼はまず相撲の本質について、近世以降、行司の家元とされてきた吉田司家に伝わるとされる『相撲略伝』なる文献を引用し、「「喜気もって慶祥を招く」ところに相撲本来の面目があり独自の使命がある」と断言したうえで、こう続けている。


「捔力」は殺手であるがゆえに不可であり、これを止揚してただ対手を倒すことのみを手段とする「相撲」になった千二百余年前から、相撲はすでにすでに立派なスポーツであり完全な競技であったことは一点あらそう余地がありません。

（『相撲』一一巻一号、一九四六年）


相撲とは、その場に楽しい雰囲気をもたらし、それによって人々を幸せにするものである。相撲の技も相手の命を奪うのではなく、ただ相手を倒して勝負を決めることのみに用いている。だから古来「相撲はスポーツ」だった、というのだ。藤島はつい半年ほど前まで軍部にべったり同調していたはずなのだが、ここで「スポーツ」と言い切るその筆致に迷いはない。

　続けて彼は、「ある方面より修理のごときは応急にとどめて、とりいそぎすみやかに催行すべきむねの要望切なるものがありましたので」、一九四六年春に予定していた本場所開催を、急遽前年一一月に前倒しにしたとも述べている。早く相撲を見せろと言ってきた「ある方面」が「GHQ方面」であることは、言わずもがなであろう。

さまよえる国技館

GHQの要請を受けた協会は、急いで二二〇人分の廻しを準備したり、国技館の壊れた屋根や窓をふさいだりとにわかに慌ただしくなった。さらに本場所の前日に予定されていた「進駐軍慰安大相撲」で、米兵たちをどう楽しませるかという問題にも頭を悩ませた。その結果、観衆に「従来より以上に大相撲鑑賞のよろこびを大きく」してもらうために、「熱心に工夫し勘案したあげく土俵場に画期的な一大刷新を加えることに決した」(『相撲の復原と刷新』)のだった。

「一大刷新」とは何か。それは土俵の拡大である。これまで大相撲の土俵は直径一五尺(約四・五五メートル)だったが、それを一六尺(約四・八五メートル)に、つまり約三〇センチ広げたのだ。また、それとともに仕切の時間も、これまでの幕内七分、十両五分から、幕内五分、十両四分に短縮、さらに「待った」も三回までに制限した。

この変更の経緯について『近世日本相撲史』は、「一六尺に広げたのは、広ければ勝負が長くなって進駐軍将兵が楽しんでくれるだろうという簡単な考えから」思いついた案であり、「待った」の制限も「立ち合いの呼吸のわからぬ進駐軍へのご機嫌とりにすぎなかった」のだと記している。「簡単な考え」と「ご機嫌とり」でルールを変えていいものかとも思うが、当時引退直前だった笠置山がいろいろと忖度し、協会内の意見を調整して採用に至ったといわれている。「おもてなし」に四苦八苦し過ぎてかえっておかしな対応をしてしまうあたりは、二〇一九年五月の夏場所にトランプ米大統領を迎えたときのようすと、どこか共通するものがあろう。

ただし、実際に土俵を務めた力士からは、やはり不満が出た。わずか三〇センチの違いとはいえ、小柄な力士にとっては勝負に影響が出る重大事だからだ。たとえば当時、幕内で活躍していた出羽海部屋の櫻錦は身長一七一センチ。「小兵の私などは押しても相手に残されてしまうので実につらい」経験だったとのちに自著で回想している（高崎守弘『力士櫻錦』一九六二年）。小兵ならずとも、大半が復員直後の体力が落ちた力士ばかりなのだから、慣れない大きな土俵で長い相撲を取れというのは酷なルール変更だっただろう。結局、土俵は一場所で元のサイズに戻った。

さて、一一月一六日、大相撲は無事に本場所の幕を開けた。晴天一〇日間の開催日には両国の街も活気づき、両国駅から本所回向院の国技館に続く道に闇市の露店が並び、賑わいをみせたという。場所中は連日八、九割の入りで、横綱双葉山は休場したものの、新入幕の千代ノ山が横綱羽黒山とともに全勝、大関東富士も羽黒山と熱戦を繰り広げるなど、会場を大いに沸かせた。

客席には、場所前の慰問相撲と同様に進駐軍の将兵の姿も多数見られた。武蔵川は、慰問相撲に訪れた兵士たちが、ウイスキーを飲んだりガムを噛んだりしながら同伴した女性たちと騒々しく観戦するさまを苦々しい思いで眺めたらしく、のちに「この慰問相撲は全くの馬鹿騒ぎのうちに終始してしまった」（『回顧録』）と述べている。

本場所でも米兵たちは大相撲を大いにエンジョイしたようだ。当時の雑誌記事は、「椅子席に陣取って習い覚えた日本語や、力士のしこ名を聞きかじって声援を与え、彼等同志《ママ》は常習の賭りをやってキャッキャッとわめいて居る。全くの国技館新風景とでもいおうか」「進駐席で賭けが熱して来たか、カイザン、ワカシオーなどと頓狂な声を揚げ満場を噴き出させる」などと、傍若無人だが楽しげな米兵たちの観戦ぶりを伝えている（『アサヒグラフ』大相撲秋場所特別号、一九四五年一二月）。「満場を噴き出させる」という描写からは、進駐軍に複雑な感情を抱きつつも、それを会場の熱気に混ぜ込んで笑い飛ばそうとしている観客のようすもうかがえよう。

こうして一九四五年（昭和二〇）の秋場所を何とか成功させたものの、ほどなくして協会に再び試練が訪れた。国技館が年末に接収されたのである。進駐軍の運動場・娯楽場として利用するためであった。館内の協会事務所も立ち退きを命じられ、藤島理事長は途方に暮れた。武蔵川の『回顧録』によれば、「国技館を進駐軍に取られちゃって、このあとどうしたらいいだろう」と理事長に泣きつかれたという。さらに「ご苦労だがひとつ行ってみてくれ」と、GHQへの交渉を依頼されたので、当局と掛け合って何とか年三回の本場所開催の許可を得たのだった。

その後国技館は、GHQの手で修繕され、館内はスケートリンクに様変わりした。「メモリアルホール」と名称を変えたこの建物で、大相撲は一九四六年一一月、一年ぶりに本場所を開催した。場所後には双葉山が引退興行をおこない、年寄時津風を襲名した。また同時期に、笠置山も母校早稲田大学の大隈講堂で断髪式を挙行している。

しかし一九四七年に入ると、GHQの意向が変わり、メモリアルホールの使用許可が下りなくなった。協会はやむなく同年六月と一一月、および翌四八年五月の三場所の会場を明治神宮外苑相撲場に移した。

だが、この相撲場は屋根がなく、雨が降ると中止せざるを得ない。通しの前売り券をさばけないため、たちまち不安定な興行形態に戻ってしまった。そこで、武蔵川を中心に「協会の手で、仮設のものでもいいから時期がくるまで建てて、安定興行をやっていこう」と意見がまとまり、これが「全員の悲願」（『回顧録』）となった。

ところで大相撲の戦後史には、このようにたびたび武蔵川の名前が登場する。それは国技館を失った協会の立て直しにおいて、彼が財務面で卓抜した手腕を発揮したからだ。

武蔵川の本名は市川國一、一九三〇年代に出羽ノ花のしこ名で活躍し、一九四〇年に前頭筆頭で引退、年寄名跡を襲名したのち四六年に協会理事、六八年に理事長就任と、組織中枢で活躍した人物である。『回顧録』によると、戦時中、毎年のように実施した満洲巡業の際に、大連市内の珠算・簿記塾に通って知識を身につけたことが、財務畑を任されるきっかけとなったという。

彼の采配で、一九四八年秋は客の入りの良い大阪で本場所を開くことになり、大阪市福島区に約三〇〇〇万円の費用を投じて一万五〇〇〇人収容の仮設会場を建設した。さらにこの時のノウハウを生かして、翌四九年一月、今度は東京日本橋浜町に五〇〇〇人収容の仮設国技館を建てた。木造で板葺き屋根の簡素なものだが、大きな看板に花街から寄贈された赤提灯を下げ、屋号を染め抜いたのれんの下がる相撲茶屋を設置するなどの工夫を凝

戦後まもなく、神宮外苑相撲場での本場所。『大相撲五十年史』より

らして相撲情緒を演出したという。浜町仮設国技館では、続けて同年五月にも夏場所を開いている。ただし、浜町は公用地なので早めに仮設を取り壊し、新たな土地を探さなければならない。結局、協会が所有していた浅草蔵前に本格的な国技館を建設する案が浮上、一九四九年一〇月に地鎮祭を執行した。その後大相撲は、ここに国技館が落成する五四年九月まで、大阪と蔵前それぞれの仮設会場で本場所を継続させることになった。

このように戦後の協会は、本場所会場の確保と国技館の設置のために驚くほど積極的な動きをみせた。武蔵川という実務に明るい人材に助けられた面もあるとはいえ、仮設を作っては壊しつつ蔵前で着工するには、スムーズな資金調達と関係各所への交渉が必要であったはずだ。それでも困難をものともせず、いつになく前向きに問題解決に取り組んだ大日本相撲協会。興行団体にとって国技館という「ホーム」が、いかに大事なものであるかがわかるだろう。

蔵前に国技館が完成

国技館が各地を転々としていた一九四〇年代後半から五〇年にかけては、横綱や大関など上位陣の力量が不安定な時期でもあった。照国、羽黒山、前田山や東富士が横綱を張ったものの、一九四九年(昭和二四)に前田山が引退、五〇年春場所には残りの三横綱がそろってケガで休場するという事態まで発生した。協会は同年五月、横綱の推挙などをおこなう諮問機関として「横綱審議委員会」を設置し、世論の批判をかわそうとした。

大相撲の潮目が変わったのは、一九五〇年代前半である。五〇年に勃発した朝鮮戦争により、日本は朝鮮特需とそれに続く好景気を享受し、戦後の経済復興が急ピッチで進んだ。武蔵川にいわせれば、「昔から、相撲桟敷席へ集まってくるお客さんの素性は、そのときどきの景気産業の従事者が主流を占める」（『回顧録』）のだそうで、当時は金属、繊維、砂糖、セメントなどの産業界が上客となったようだ。収入も右肩上がりになるなかで、土俵上の相撲内容も充実し、栃錦、若乃花、朝潮などの若手力士の台頭が活気をもたらした。共に軽量ながら多彩な技を駆使する栃錦と豪快な若乃花の対決は、「栃・若ブーム」として世間の話題をさらった。

一九五四年九月、満を持して蔵前国技館が完成した。総工費二億三〇〇〇万円、一万一〇〇〇人収容の大型施設である。

新しい国技館の誕生は、協会にとって新時代の幕開けともいえるが、追い風になったのはそれだけではない。前年の一九五三年五月場所から始まったテレビ中継こそが、その後の大相撲人気を盤石なものにしたといえる。同年五月にＮＨＫ、続けて九月以降は民放各社も放映を開始した。家族そろって茶の間で観戦する「テレビ桟敷」が可能になったのである。

そして一九五五年五月、協会関係者にとって最強のサポーターともいうべき昭和天皇が国技館を訪れた。戦後初の天覧相撲である。八年半の全国行幸を終え、心おきなく大相撲を楽しめるようになった天皇が、その後足繁く国技館

蔵前国技館。1956年撮影

に通い続けたことは、第一章でも述べたとおりである。

　こうして戦後の大相撲は、国技館という大舞台と、その貴賓席に頻繁に登場する天皇の存在によって、他の娯楽・スポーツと一線を画す「国技」としてのステイタスを再び手に入れたのだった。

国会で追及される

　しかし、ホッとしたのもつかの間、一九五七年春、協会は戦後最大のピンチに直面した。衆議院予算委員会と文教委員会で、財団法人としての大日本相撲協会のありかたや財政面の問題点を指摘されたのである。同年三月二日に、日本社会党の辻原弘市議員が灘尾弘吉文部大臣に協会の営利化を指摘、マスコミもこの問題を一斉に報じることとなった。

『回顧録』によると、武蔵川のところには知人の社会党代議士から事前に連絡が入っており、「ドンブリ勘定ではないか」「営利主義に走り過ぎている」などの世評を受けて辻原らが動き出したことを承知していた。一報を聞いた彼は、「何をいってるのだろう」「他人からケチをつけられるようなことは毛頭ない」と思ったという。

　だが本書でみてきたように、公益性を重んじ「国技」としての相撲の指導と普及に努めるべき協会が、建前とは裏腹に興行収益を優先している実態は今に始まったことではない。一九二五年に認可されてからこの年まで三二年間、協会は公益法人という錦の御旗に守られて運営を維持してきたものの、その内実が抱える大きな矛盾は、戦前もたびたび批判の的となった。戦後の混乱期には国民もそれどころではなかったのだろうが、一九五〇年代後半といえば、日本が経済復興を遂げ、大相撲がメディアを通じて再び注目されるようになった時期である。そうした社会の変化によって、あらためて

「営利主義」が世間の耳目を集めたという側面もあるのだろう。

同年四月三日、病気療養中の出羽海理事長（藤島秀光）に代わり、武蔵川が文教委員会の公聴会に参考人として出席した。彼のほかに現役力士代表として幕内の若瀬川、さらに協会ＯＢとして和久田三郎（元・天龍）、永井高一郎（元・佐渡ヶ嶽）も招かれ、それぞれ現在の協会のありかたについて意見を述べた。質問側は、辻原ほか、佐藤観次郎、川崎秀二、柳田秀一ら自民党と社会党の委員である。この時点で協会はすでに八項目の改革案を提示していたため、公聴会ではこれに基づいて意見交換がおこなわれた。

国会で追及をうける相撲協会。右から、武蔵川、佐渡ヶ嶽、天龍。1957年4月3日。写真提供・共同通信社

会議上の焦点のひとつとなったのは、そのころマスコミでも取り上げられていた茶屋制度である。茶屋とは、本場所の切符と館内の飲食物販売を一手に請け負っていた店のことで、理事長をはじめ協会内の有力者の家族や親戚が経営するものが多く、当時は二〇軒ほど存在した。彼らは主に企業やなじみの上客にのみ切符を販売するので、一般客が個人的に切符を手に入れることは困難だった。また、切符や飲食物の値段は「ご祝儀」と称され、価格を設定しない場合もあった。このような不明朗で非近代的な慣習に国民が厳しい目を向けたのは、テレビ中継によって「国技館の大相撲」が全国的に可視化されたことと、やはり無関係ではないだろう。

ラジオの大相撲解説者として活躍した頃の和久田三郎（元・天龍）。1953年撮影

さらに、相撲指導者を養成する教育機関に関しても意見が求められた。協会設立時に定めた「寄付行為」（定款にあたる基本規則）では、日本の「国技」たる相撲道の維持興隆に努め、それによって国民の育成を図ることを協会の目的としている。その具体的な事業のひとつが「相撲専修学校」の設置だが、いまだに実施に至っていない点が問題となったのである。

ここでイメージされる学校とは、全国の地域社会や教育現場に相撲を普及させるための指導者の養成機関であろう。力士経験者や体育教員を受講生と想定するもので、戦時中に佐渡ヶ嶽が私費を投じて開いた長野県の戸隠山道場などがそれに近い。

ところが、この件について委員に質された武蔵川は、「学校制を設けまして、それを卒業した者を幕下あるいは十両とやりましても、（中略）なかなか力士というものはそれ一方では完成できないわけです」と、しどろもどろの答弁をおこなっている。つまり彼は、財団法人の事業として設置すべき指導者養成機関を、興行に従事するプロ力士養成の場ととらえていたのである。当日の議事録を見る限り、全般的にそつなく意見を述べた武蔵川だったが、こと専修学校の件に限っては激しくピントがずれたやりとりに終始した。

出羽海理事長が割腹

こうした協会の認識不足について、和久田は公聴会の場で次のように痛烈に批判した。

三十三年もほっぽらかしておいて、今ごろになって至急取りかかるということは、いかにも私は協会幹部諸公がずるいと申しますか、その場のがれの考え方で、こうした文書を、文面的に見ますると何か盛んに改革をするようなことを言っておりますけれども、結局ほっかぶり主義で、人のうわさも七十五日で、そのうちまた何とかなるのだろうというような甘い考えで、この改革案を発表したのではないかと私は察せられるのであります。

（「第二十六回国会衆議院文教委員会議録第十五号」一九五七年四月三日）

一九三二年の春秋園事件の中心人物として大相撲の改革を求め、その後満洲で相撲教育に力を注いだ和久田のことばには説得力がある。学校設置問題以外にも、不明朗な会計制度、高い席料、既得権益に執着する茶屋など、二五年前に彼が指摘した旧弊をいまだに抱え込んでいる協会には、さすがに愛想も尽きるだろう。満洲から帰還後の和久田は、銀座の中華料理店やスポーツ用具店経営など複数の事業で成功し、一九五二年からはラジオ東京（TBSラジオの前身）で、辛口の大相撲解説者としても活躍した。この直言居士、協会にとっては最後まで面倒な存在であったに違いない。

理事長を務めた出羽海

公聴会ではこのほかにも、各委員が力士の給与や退職金などにも言及したが、武蔵川は、すでに協会が提示した改革案に沿って、茶屋制度廃止や専修学校設置、力士の待遇改善などの対策を講じる姿勢を示した。そのため特段の紛糾もなく、協会としては何とかピンチを切りぬけた形となった。

しかし、事はこれだけで収まらなかった。公聴会から一ヵ月後の五月四日、出羽海理事長（藤島秀光）が国技館内の協会取締室で割腹自殺をはかったのである。発見が早く一命は取り留めたが、理事長の親族が経営する茶屋の隠し所得の発覚を恐れたからだろうと噂された。これによって協会の組織改革は待ったなしの局面を迎えることになる。

武蔵川vs.佐渡ヶ嶽

ところで、衆議院の公聴会では、武蔵川と元・佐渡ヶ嶽の永井高一郎が久々に顔を合わせた。二人は犬猿の仲である。『回顧録』でも、武蔵川は永井のことを「相撲研修所長を自ら名乗って、戦後の物資不足のおりに力士の廻し用布地配給にからんで不明朗な問題を起こして居づらく」なったのだ、とばっさり切り捨てている。

一方、永井にとってみれば協会は、在職中に指導部長として相撲の普及活動に尽くした自分を軽んじ、もうけ路線に走った組織である。相撲教育に半生を捧げた者と、興行団体としての協会運営を軌道に乗せた者。両者が相容れないのは当然であった。

公聴会当日も、ふたりの間には会議の前から険悪な空気が漂った。委員会室に先に来た永井のすわった場所が気にくわない武蔵川。「私は相撲協会の代表で来たのだから席をあけてもらおう」と突っかけると、永井は「おう若手、あんまりえらそうなことをいうなよ」と顔を真っ赤にしたという（『回顧録』）。お互い現役時代を思い出したのか、立ち合いの前から駆け引きが始まったようでもある。

公聴会での永井の発言は、時に横道にそれる場面もあったが、それでも指導者養成機関の重要性や、茶屋制度への疑念など、彼なりの見識で的を射た内容も含まれていた。たとえば茶屋の既得権益については次のように述べている。

相撲協会の制度というものは、ちょうどサル回しがサルを回す。（中略）サル回しはそのサルの働きによってうまいものを食べて栄養をとるというのと同じように、相撲取りや相撲協会の年寄はサルで、第三者の茶屋とか売店とか、周囲におるものがサル回しです。

（「第二十六回国会衆議院文教委員会議録第十五号」）

ここまで言われては武蔵川も怒り心頭に発したことだろう。『回顧録』には、「腹が立った永井氏の意見」という小見出しで、永井への反論に長々と紙幅を割いている。「公の場において、私憤を晴らしている。卑怯といえば卑怯、問題をすり替えてしまっている」、つまり協会を追い出された腹いせだといいたいのだろう。

晩年の永井高一郎（元・佐渡ヶ嶽）

永井高一郎の戦後

それでは、協会と袂を分かった元・佐渡ヶ嶽のその後の人生とは、どのようなものだったのだろうか。

第四章で述べたように、彼は一九三六年（昭和一一）に「大日本国技研修会」を設立、戦後はその後身の「財団法人日本相撲研修会」の会長に就任し、戦前と同様に一般向けの相撲指導者として活動した。

日本相撲研修会の機関誌『すもう研修』（復刊号、一九五五年）によると、この団体は相撲の普及と指導者養成を主な目的としている。本部を埼玉県川口市の永井の自宅に置き、戦前から続く戸隠山道場のほか、彼の郷里である栃木県の山林を開拓して関東道場を作った。

この関東道場は、入所者が開拓や農林業で自活しながら体を鍛え、相撲を学ぶという「生活と相撲をむすびつけた錬成道場」（『すもう研修』復刊号）であった。ただし、武蔵川にいわせると、ここは戦時中の力士の食糧不足を補うために農林省から払い下げられた土地だそうで、それを永井が私物化したのだというのだが、真偽のほどは明らかではない。

永井は戦後すぐに夫人とともにここに入植し、七、八年間にわたって土地を開墾した。川口の自宅に戻ってからも道場に通い、滞在型の講習会を開いては児童・生徒や学生、社会人の受講生を受け入れていた。

戦後の彼に関する資料をみると、道場運営のほかに、学校や工場、青年団などへの出張指導や文部省後援の指導者養成講習会なども実施しており、民間の相撲指導者として堅実な道を歩んだことがうかがえる。

「健康で長生き」の相撲道

興味深いのは、彼の相撲観の変化である。戦前の佐渡ヶ嶽は、「真心と体力と気力の日本的調和」を「相撲道」ととらえ、それこそが日本精神の顕現であり、「国運の伸展に寄与」するものであるとしていた。戦後はそうした軍国主義的なイデオロギーを取り除き、彼なりの相撲道を歩むようになった。七三歳のとき、相撲をとる者への心構えを問われて、こう述べている。

好きな相撲を、自分のからだのためにやるんだから、体育的に考えて相撲をするということだ。健康で、長生きするのが相撲の本心なんだ。この精神でいうなら、相撲が競技になって、勝ち負けばかりいったのでは、相撲の価値はなくなる。（中略）子どもたちのからだを重んずるなら、体育としての相撲を取って、健康で、長命するようにすべきだ。

（『新体育』第四〇巻九号、一九七〇年）

体育としての相撲を取り、健康で長生きしよう。これが永井の「相撲道」である。戦前は「上御一人の御為に献身奉公」すべしと呼びかけた彼が、今度は子どもたちのために汗を流すようになった。しかも、小学校低学年の場合は、あくまで「『の如きもの』でよいのであって、正確な構えや四股をふめる必要はない」という。安全で、体育的であればそれでよい。勝つためではなく健康のため、誰かのためでもなく自分のため。人々が自ら楽しく相撲を取る大切さを、彼は繰り返し説いている。

だが、このような彼の相撲観には、決別したはずの大相撲に対する複雑な心情も見え隠れする。朝日新聞記者の河合政は、「相撲は国技であっても大相撲は国技でない」「体育を説く者の若死は詐欺にひとしい」と言い放つ永井が、その一方で古巣への「骨肉の情」も抱いていたと書いている（河合政『チャンコ修業――ある親方の話』一九七二年）。

それでも晩年の永井は、大相撲界とは異なるもうひとつの力士の生き方を、自身の姿で示そうとしたようにもみえる。協会という権威的な組織から離れたのちも、愛する相撲とともに日々を刻み、持病を抱えつつも元気に古希を迎えた。一九七二年に七五歳で寿命を全うするまで、周囲からは「おやかた」という愛称で親しまれたという。彼もまた、幸福な「お相撲さん」人生を送ったひとりといえるのではないだろうか。

改革と混迷の時代

誰もが幼いころから身近に接し、気軽に体を動かして楽しめるようなスポーツ。永井高一郎が夢見たのは、今でいえば野球やサッカーのように広く人々に愛される相撲だったのだろう。

しかし、戦後の相撲は明らかに「見る相撲」、つまりエンタテインメントとしての大相撲に一極集中化している。確かに高校・大学の相撲部を中心としたアマチュア相撲も、プロ入りをめざすような高い技術をもつ人材を輩出してはいるが、他のスポーツに比べるとその競技人口はきわめて少ない。戦前の地域社会には芸能や神事としてあった「取る相撲」が、共同体の解体とともに人々の暮らしから遠ざかってしまったことも遠因といえるだろう。

相撲史研究の新田一郎氏の整理によれば、それでも一九八〇年代には、東京で始まった小学生の学年別大会「わんぱく相撲」が全国規模となり、相撲人口の裾野は広がったという。問題は、その子どもたちを中学・高校の段階でつなぎとめることができないという点だ。思春期の中高生にとって、裸体に廻しをつけるのはやはり抵抗があるのだろう。サッカー選手のように力士が少年の憧れの対象となるという話もあまり聞かない。

何より学校体育では、安全に相撲を取ることが大前提だが、指導法や指導者も含め、その受け皿が

新国技館落成式。1985年1月

整っていない。そのため二〇〇八年（平成二〇）の中学校学習指導要領改訂によって「武道」（柔道・剣道・相撲）が保健体育の必修になっても、実際のところ相撲を採用する学校は少数であるという。安全で楽しく相撲を取るだけでなく、今後は女子も参加できるようなメソッドも必要だろう。今の時代にもし八尾秀雄や佐渡ヶ嶽がいたら、いったいどんな教授法を提唱してくれるだろうか。

ここで話を一九五七年の大相撲に戻そう。同年五月、自殺未遂で療養中の出羽海理事長が辞表を提出し、新理事長として時津風（元横綱双葉山）が就任した。

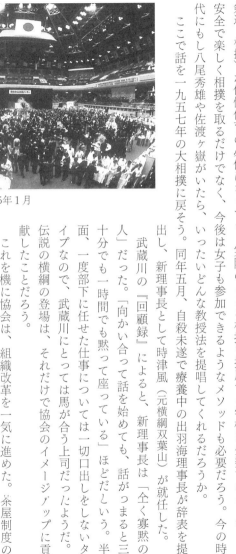

武蔵川の『回顧録』によると、新理事長は「全く寡黙の人」だった。「向かい合って話を始めても、話がつまると三十分でも一時間でも黙って座っている」ほどだという。半面、一度部下に任せた仕事については一切口出しをしないタイプなので、武蔵川にとっては馬が合う上司だったようだ。伝説の横綱の登場は、それだけで協会のイメージアップに貢献したことだろう。

これを機に協会は、組織改革を一気に進めた。茶屋制度の廃止、力士の月給制度の採用のほか、安定収入確保のために現在に続く一年六場所制に踏み切った。一方で行司や年寄の定年制も実施し、人件費の増大に歯止めをかけた。ただし懸案の相撲専修学校については、協会があくまで新弟子養成機関の設置にこだわったようで、結局一九五七年一〇月に「相撲教習所」が置かれた。これは、新弟子が六ヵ月間、相撲の歴史や文化など教養科目を学ぶ場所という形態で、現在も運営されている。翌五八年には、財団法人日本相撲協会と改称、いよいよ名実ともに新生相撲協会が歩み始めた。

スター力士、新国技館、そして不祥事

その後、土俵上には次々とスター力士、名横綱が現れ、それぞれの時代を築いてきた。一九六〇年代の柏戸・大鵬、七〇年代初頭の北の富士と玉の海と、それに続く輪島、北の湖。八〇年代に入ると千代の富士が「ウルフフィーバー」を巻き起こした。

一九八五年一月、再び両国に新しい国技館が完成した。総工費一五〇億円、収容人員一万一〇〇〇人、四角形の大屋根を持つ堂々とした外観は、今も両国のシンボルとして健在である。その後の九〇年代の平成の若貴ブーム、二一世紀に入ってからの朝青龍、白鵬らモンゴル勢の活躍はまだ記憶に新しい。

しかし、本書の冒頭で述べたように、二〇〇七年以降、角界では立て続けに不祥事が起きた。相撲部屋内の暴行、横綱の暴力、力士の薬物使用、暴力団が絡む野球賭博、八百長疑惑など、半世紀のあいだ組織内にため込んでいた膿《うみ》が、次々と出されたかのようである。協会は関係者を解雇したり引退させたりすることで何とか事態を収拾しようとしてきたが、評判と信頼は地に落ち、再びそれを取り戻すのには長い時間が必要だった。この一〇年は、大相撲の現代史において最も深刻な時代だったといえるだろう。

この時期、世間の厳しい目が向けられた角界に対して、メディアや識者がさかんに使うようになっ

たのが「品格」ということばである。二〇〇五年のベストセラー、藤原正彦『国家の品格』から火がついた「品格」ブームが、不祥事続きの大相撲にも及んだらしい。力士の素行だけでなく、立ち合いの乱れや仕切りの形骸化、勝負がついたあとの駄目押しなど、土俵上のルールやマナーにもいちいち注文がつき、「品格」が求められるようになった。

品格の手本＝双葉山

そして、そのお手本とされたのが、双葉山である。受けて立つ相撲や、泰然自若とした土俵態度など、すべてが模範的だというのだ。さらに、これに便乗して出版された双葉山の著書『横綱の品格』（二〇〇八年）も話題になった。といってもこの本は、一九五六年刊行の『相撲求道録』の復刻版（一九七九年）に、第四八代横綱大鵬幸喜の序文などを加え、書名を変えただけのものである。半世紀の時を経て、まさか自分が「品格」ブームの一翼を担うことになろうとは、故人も予想だにしなかっただろう。

二〇〇八年は、その後も朝青龍と白鵬の土俵上のにらみ合い（五月場所）、外国出身力士の大麻所持疑惑（九月）などの事件が世間を騒がせた。作家の藤本義一は、「相撲の原点回帰を目指すべき」「相撲は国技。日本人同士が取った方が深みが出る」（産経新聞二〇〇八年九月七日）などと苦言を呈している。

だが、そもそも「相撲の原点」とはどこを指すのか、日本人同士の「深み」とは何なのか。いろいろ首を傾げたくなるが、ともあれ藤本のような意見を持つ人にとって、「品格」問題は外国出身力士に向けた違和感の表明でもあったのだろう。

こうした声が高まれば高まるほど、白鵬は双葉山や大鵬親方への敬意をメディアを通じて語るようになっていく。「双葉山を理想とし、もっともっと強くなりたい」（『ｐｅｎ』二五九号、二〇一〇年）。しかし、その過剰で従順な語りは、連勝記録が更新され、双葉山の六九連勝に迫った二〇一〇年ごろをピークとして、次第に減っていった。長きにわたって横綱の地位を守り、数々の記録を塗り替えてきた現在の彼からみれば、双葉山はもはや大きな意味をもたなくなったのかもしれない。だがそれは、日本社会が彼に求めつづける「品格」という曖昧な「くびき」に、お手本を持たぬまま独り向き合うことを意味する。白鵬にしかわからない、先の見えない苦しみの始まりでもあった。

相撲の近代史とこれから

二〇一九年は、最初の国技館ができて一一〇年、相撲協会が設立されて九四年目にあたる。本書では、このおよそ一〇〇年間の相撲の歴史のなかでも特に「国技」と「興行」という大相撲の二つの顔と、それをめぐるさまざまな事柄を眺めてきた。

明治期に建設された初めての国技館、幼少時から相撲を愛好し、国技館に通い詰めた昭和天皇。台湾や朝鮮、満洲の巡業に出かける力士たちと、彼らを待ち望む外地や戦地の人々。国家主義的風潮が高まる中で、大相撲以外の原理的な国技相撲を模索した八尾秀雄や和久田三郎。協会内部で「国技」と「興行」の矛盾解決に頭を悩ませた笠置山。協会の内側と外側で孤軍奮闘しながら、自分なりの「相撲道」を貫いた永井高一郎。本書で紹介したトピックはごくわずかに過ぎないが、現在の大相撲がこうした近代のさまざまな歴史の重なり合いの上にあるということは、おわかりいただけたのではないだろうか。

近代史のなかに大相撲を位置づけてみると、あらためて理解できることがある。本書の序章で述べたように、大相撲はこの一〇〇年、常に叱られ続けてきた。その「叱られ体質」の原因は、興行団体が成り行きによって財団法人になり、「国技」の啓蒙団体という看板を掲げてしまったことにあった。その後まもなく迎えた戦時期では、この看板に見合うような活動が求められ、協会はあれこれ叱られながらも報国的な務めを果たした。

今も不祥事が起こるたびにメディアで取り沙汰される「相撲は国技なのか」という議論に対しても、大相撲の出発点が「興行」であるという歴史的経緯を明らかにしたうえでとらえ直せば、別の視点をもつことができるだろう。

相撲通で知られる小説家の星野智幸氏は、「国技」について次のように述べている。

「国技」という言葉は結局、時代ごとに相撲がどのように作り変えられてきたか、その事実の積み重ねとしての歴史を見えなくさせ、歴史を調べたり考えたりすることを止めさせ、漠然とした伝統のイメージだけを広めてしまう、一種のキャッチコピーとなっているのだろう。

（星野智幸『のこった――もう、相撲ファンを引退しない』二〇一七年）

まさにその通りだ。「国技」だけではない。神事だ相撲道だと、大義名分をキャッチコピーのように振りかざして現在の大相撲を語ると、かえって空疎な「伝統イメージ」が増幅し、未来の可能性を閉ざしてしまう。そして何よりも、この一世紀あまり大相撲が経験してきた数々の出来事や、そのなかで生きた人々の姿かたちを見えなくさせてしまうのであれば、それはあまりにも傲慢な態度である。

それでは、私たちはこれからどう大相撲とつきあえばいいのだろうか。時の権力と持ちつ持たれつ、「国技のようなもの」としてふるまうことは、大相撲にとって生きる手だてである。こうした大相撲のありようを承知したうえで、私たちにはそれを鷹揚に受け止めるだけの度量が必要となる。もちろん、素行不良の際は今まで通り四つに組んで投げ倒してみよう。あるいは、場当たり的に生き延びていく彼らを「そういうものだ」と軽くいなしながら見守ることもできるだろう。いろいろと手間がかかるが、この極上の大衆文化には、それだけの価値があると思う。

歴史をたぐってもうひとつわかったのは、この一〇〇年間、大相撲はいつもそこに「あった」ということである。日本が貧しく苦しく自信を失っていたときも、あるいは戦争やバブル景気でおごり高ぶっていたときも、敗戦や震災で誰もがうつむいているときも、大相撲は人々を励まし、勇気づけ、楽しませてきた。

思えば現在の私たちの傍らにも、当たり前のように大相撲はある。ファンはもちろんのこと、普段は関心のない人たちでさえも、年六回の本場所をまるで年中行事のように自然に受け止めているではないか。これからも大相撲と私たちは、こんなふうに融通無碍につきあっていけば、それでいいのかもしれない。

あとがき

大相撲の歴史を調べていhave ます、というと「ああ、いいですねえ、私も若貴時代はよく見たなあ」などと遠い目をされることがあるのだが、申し訳ないことに、若貴を持ち出されると話題に窮してしまう。私が大相撲を見始めたのは、今から一五年ほど前、朝青龍が活躍していた頃で、それ以前の名勝負などはよく知らないからだ。相撲通のなかには、この道半世紀以上といった強者もざらにいるので、それにくらべると鼻で笑われそうな「にわかファン」だろう。

だが、ここ一〇年ほど、新しいタイプの好角家が急増しているという。「相撲女子」、略して「スー女」と呼ばれている。

星野智幸さんの著書『のこった——もう、相撲ファンを引退しない』によると、スー女とは「相撲に関わることは何もかもが楽しい」と思える人々で、「好きであること、好きになろうとすることに労力をかける」傾向があるらしい。彼らは取り口の分析や白星の数ばかりにこだわらない。国技館の中でいかに遊ぶか、取組以外のお相撲さんたちのどこをどんなふうに好きになるか。そのあたりを熱心に研究するのである。もちろん、「スー女」といっても女性とは限らない。大相撲を従来と異なる角度から楽しめるかどうかという点が、線引きの目安である。

星野さんは、『スー女のみかた』（二〇一七年）の著者、和田靜香さんとの対談のなかで、「スー女度」を測るものさしは、横綱鶴竜だといっている。鶴竜の相撲内容はどうもね……などと語る人はスー女度が低い。そんなことより、とにかく「かわいい！」とまるごと彼を応援できるのがスー女。

なるほど、と膝を打った。鶴竜ファンの私は、どうやら「スー女」らしい。一五年間、自分の「相撲アイデンティティ」に自信が持てなかったが、今ようやく心の霧が晴れていくような気がした。

そういう次第で、廻しを締めたことすらないのに、思いきって本書を書くことにした。もともとの専門は日本統治期の台湾史だが、八尾秀雄や相撲興行について調べていくうちに、大相撲をめぐる近代史全般を知りたくなったのだ。

私が国技館に足繁く通っていた二〇〇〇年代前半は、モンゴル出身の力士の活躍と比例するように「国技」に関する議論が高まった時期でもある。日本相撲協会が掲げる「国技」という看板が、いつどのように作られ、扱われてきたかを資料に基づいて整理したいと思い、いくつか論文を書いた。本書はそれらを土台にして、論文形式では伝えきれなかった人々のストーリーを新たに盛り込んだものである。扱う時代は明治から昭和期だが、現在の大相撲を考えるときにも、何かのヒントにしていただければ幸いである。

さて、今回の出版にあたり、大勢の方に助けられた。

本文中でも紹介したように、本書は、優れた先行研究に導かれて書いたものである。

特に赤澤史朗氏、新田一郎氏の論考に多くの示唆を与えられた。また、佐渡ヶ嶽の戸隠山道場については、宮澤和穂氏（長野市立信州新町公民館長）に、大阪大国技館や八尾秀雄については、相撲史研究家の山下和也氏に、現在の大相撲については、アナウンサーの坂信一郎氏に、資料の提供や助言をしていただいた。三氏は、執筆で行き詰まっているとき、お話や手紙で背中を押してくれた方々でもある。また、本務校である目白大学の諸先生方にも出版の相談に乗っていただいた。重ねて謝意を表したい。

講談社選書メチエと私をつないで下さったのは、指導教授の上田信先生（立教大学教授）である。先生のご厚意がなければ、この原稿は日の目を見なかっただろう。上田親方にどう感謝の気持ちを述べたらよいのか、まだ言葉が見つからない。

私は長年選書メチエに憧れていたので、執筆当初はだいぶ舞い上がっていたと思う。途中から何とか正気を取り戻したものの、なかなか計画通りに進まなかった。しかし、ベテラン編集者梶慎一郎さんは、立行司のように全体を見渡し、ときに的確な目で裁いて下さった。おかげで私は「自分の相撲」を取ることができました。あらためてお礼申し上げます。

二〇一九年八月一五日

胎中千鶴

参考文献

朝日新聞社編『大東亜戦争と台湾青年　写真報道』朝日新聞社　一九四四年
飯塚知信『中支皇軍慰問行』飯塚知信　一九四〇年
杉浦重剛撰・猪狩又蔵編『倫理御進講草案』杉浦重剛先生倫理御進講草案刊行会　一九三六年
池田雅雄・殿岡駒吉編『写真図説　相撲百年の歴史』講談社　一九七〇年
石井代蔵『桂馬のふんどし——小説　朝日山四郎右衛門』講談社　一九七六年
泉林八「二十二代庄之助一代記」http://www.syounosuke.net/gallery/book_01.html
井出季和太『興味の台湾史話』萬報社　一九三五年
稲垣正浩・今福龍太・西谷修『近代スポーツのミッションは終わったか——身体・メディア・世界』平凡社　二〇〇九年
井上俊『武道の誕生』吉川弘文館　二〇〇四年
浦岡偉太郎編『大相撲五十年史』産業経済新聞社　一九五四年
江口圭一『十五年戦争小史』(新版)青木書店　一九九一年
王育徳『「昭和」を生きた台湾青年——日本に亡命した台湾独立運動者の回想1924—1949』草思社　二〇一一年
大園市蔵編『台湾人物誌』谷沢書店　一九一六年
尾崎士郎『昭和時代の大相撲』国民体力協会　一九四一年
甲斐留吉編『体操科教授細目』竹南郡教育会　一九三九年
景山忠弘編『目でみる昭和の大相撲』上下　国書刊行会　一九八六年
笠置山勝一『相撲襍記——評論と小説』博文館　一九四一年
笠置山勝一『相撲範典』野球界社　一九四二年
笠置山勝一『相撲　其の本質と方法』旺文社　一九四三年

笠原十九司『日本軍の治安戦——日中戦争の実相』岩波書店　二〇一〇年
風見明『相撲、国技となる』大修館書店　二〇〇二年
加藤隆世『明治時代の大相撲』国民体力協会　一九四二年
神風正一『神風一代——わたしの昭和相撲小史』日本放送出版協会　一九八七年
河合政『チャンコ修業——ある親方の話』朝日新聞社　一九七二年
木村庄之助・前原太郎『行司と呼出し』ベースボール・マガジン社　一九五七年
宮内庁編修『昭和天皇実録　第一』東京書籍　二〇一五年
栗島狭衣『相撲百話』朝日新聞社　一九四〇年
後藤方泉『後藤方泉講談集』後藤方泉　一九三七年
近藤良信編『撃つ体育人』体育出版社　一九四三年
財団法人日本相撲協会『大相撲——財団法人日本相撲協会・特別編集』小学館　一九九六年
財団法人日本相撲協会博物館運営委員監修『近世日本相撲史』第一～五巻　ベースボール・マガジン社　一九七五～八一年
坂上康博『スポーツと政治』山川出版社　二〇〇一年
坂上康博・高岡裕之編著『幻の東京オリンピックとその時代——戦時期のスポーツ・都市・身体』青弓社　二〇〇九年
坂上康博『昭和天皇とスポーツ——〈玉体〉の近代史』吉川弘文館　二〇一六年
佐藤彰宣『スポーツ雑誌のメディア史——ベースボール・マガジン社と大衆教養主義』勉誠出版　二〇一八年
佐渡ヶ嶽高一郎『相撲道教本』大日本教化図書　一九四一年
志々田文明『武道の教育力——満洲国・建国大学における武道教育』日本図書センター　二〇〇五年
鍾肇政『八角塔下』草根出版事業有限公司　一九九八年
新保チヨノ『皇軍慰問の旅』新保チヨノ　一九四一年
宋龍生『卑南公学校与卑南族的発展』国史館台湾文献館　二〇〇二年
相馬基『相撲五十年』時事通信社　一九五五年
台北州消防協会編『台北州消防一覧』台北州消防協会　一九三〇年

台湾総督府史料編纂会編『台湾史料稿本　明治三五年一一月』台湾総督府　一九〇二年
竹村豊俊編『創立十周年記念台湾体育史』台湾体育協会　一九三三年
高崎守弘『力士櫻錦　自伝』（非売品）一九六二年
高嶋航『帝国日本とスポーツ』塙書房　二〇一二年
高嶋航『軍隊とスポーツの近代』青弓社　二〇一五年
高橋窓雨編『澤井市造』澤井組本店　一九一五年
高橋伝吉編『杉本音吉小伝』高橋伝吉　一九三四年
髙橋秀実『おすもうさん』草思社　二〇一〇年
高橋紘『昭和天皇発言録――大正9年～昭和64年の真実』小学館　一九八九年
竹中信子『植民地台湾の日本女性生活史』田畑書店　二〇〇一年
田子ノ浦忠雄『土俵の砂が知っている――涙と笑い・二十五年の生活記録』一水社　一九六五年
中馬庚『野球』前川善兵衛　一八九七年
土屋喜敬『ものと人間の文化史179　相撲』法政大学出版局　二〇一七年
東京角道会編『相撲の話』黒燿社　一九二五年
東京相撲記者クラブ会友会編著『相撲記者が見た大相撲百年――相撲記者碑建立百周年記念誌』東京相撲記者倶楽部会友会　二〇一六年
永井高一郎『相撲道基本研修指針』（非売品）一九七二年
中山馨・片山清夫『躍進高雄の全貌』片山清夫　一九四〇年
成田武司『台湾生蕃種族写真帖』（一九一二年の復刻版）南天書局　一九九五年
鳴戸政治『大正時代の大相撲』国民体力協会　一九四〇年
新田一郎『相撲の歴史』山川出版社　一九九四年
新田一郎『相撲――その歴史と技法』日本武道館　二〇一六年
白鵬翔『相撲よ！』角川書店　二〇一〇年
橋本白水『船越倉吉翁小伝』（非売品）一九三一年

早坂隆『戦時演芸慰問団「わらわし隊」の記録──芸人たちが見た日中戦争』中央公論新社　二〇〇八年
原敬関係文書研究会編『昭和天皇のご幼少時代──知られざる養育記録から』日本放送出版協会　一九九〇年
彦山光三『相撲道綜鑑』国民体力協会　一九四〇年
藤生安太郎『相撲道の復活と国策』大日本清風会　一九三八年
藤島秀光『近代力士生活物語』（復刻版）『大相撲鑑識大系7』所収　本の友社　二〇〇一年
双葉山（時津風定次）『横綱の品格』ベースボール・マガジン社　二〇〇八年
舟橋聖一『相撲記』創元社　一九四三年
文春新書編集部編『昭和天皇の履歴書』文藝春秋　二〇〇八年
ベースボール・マガジン社編『日本プロレス全史』ベースボール・マガジン社　一九九五年
星野智幸『のこった──もう、相撲ファンを引退しない』ころから　二〇一七年
前原太郎『呼出し太郎一代記』ベースボール・マガジン社　一九五四年
三木愛花『相撲史伝』曙光社　一九〇一年
三田村鳶魚著／柴田宵曲編『侠客と角力』筑摩書房　二〇一〇年
宮崎学『近代ヤクザ肯定論──山口組の90年』筑摩書房　二〇一〇年
武蔵川喜偉『武蔵川回顧録』ベースボール・マガジン社　一九七四年
武者成一『史談　土俵のうちそと』雲母書房　二〇〇二年
八尾秀雄『学童相撲指導法』教育書房　一九三四年
八尾秀雄『小学校新体育相撲体操と競技法』厚生閣　一九三五年
八尾秀雄『新要目に基く小学校相撲の系統的指導』厚生閣　一九三六年
八尾秀雄『小学生相撲読本』田中宋栄堂　一九三八年
八尾秀雄『相撲基本の解説』教育相撲講習所　一九三八年
八尾秀雄『小学校・中等学校・青年学校　相撲教範』（増訂版）相撲教育会　一九四〇年
八尾秀雄『国民学校体錬科　相撲教材の指導』精文堂書店　一九四三年
八尾秀雄『国民相撲教育』国防武道協会　一九四三年

八尾秀雄『相撲』アルス　一九四三年
矢尾鴻『少年相撲の手ほどき』祐文堂書店　一九三九年
吉田静堂『台湾古今財界人の横顔』経済春秋社　一九三二年
和久田三郎・八尾秀雄『角道教習指針』満洲帝国武道会　一九四一年
和久田三郎『相撲一路』国防武道協会　一九四三年
和久田三郎『相撲風雲録――私の歩いてきた道』池田書店　一九五五年
和田靜香『スー女のみかた――相撲ってなんて面白い！』シンコーミュージック・エンタテイメント　二〇一七年
渡邉昌史『身体に託された記憶――台湾原住民の土俵をもつ相撲』明和出版　二〇一二年

『大阪大国技館と大相撲』大阪市城東区役所　二〇一五年
『サンデー毎日別冊・春の大衆文芸』毎日新聞社　一九四九年
『城東見聞録――写真でつづる城東区のたからもの』大阪市城東区役所区民企画室　二〇〇五年
『日本地理大系　第十一巻　台湾篇』改造社　一九三〇年
『別冊1億人の昭和史――昭和大相撲史』毎日新聞社　一九七九年
「第一類第六号　第二十六回国会衆議院　文教委員会議録第十五号」（昭和三二年四月三日）
「第六類第九号　第七十九回帝国議会衆議院　国民体力法中改正法律案外四件委員会議録　第六回」（昭和一七年一月三〇日）

●論文
赤澤史朗「戦時下の相撲界――笠置山とその時代」『立命館大学人文科学研究所紀要』七五号　二〇〇〇年
飯田直樹「明治前期の大阪消防と消防頭取」『部落問題研究』（部落問題研究所紀要）一二七号　一九九四年
飯田直樹「大阪の都市社会と大阪相撲」『近代大阪と都市文化（大阪市立大学文学研究科叢書第四巻）』清文堂出版　二〇〇六年
後藤康行「戦時下の大相撲と戦地への「皇軍慰問」」『専修史学』五五号　二〇一三年

蔡秀美「台湾近代消防制度之萌芽――以日治初期台北地区在台日人消防組之試行為中心」『台湾文献』五八巻二期　二〇〇七年
宋安寧「兵庫県教育会による「皇軍慰問支那満鮮旅行」に関する研究」『神戸大学大学院人間発達環境学研究科研究紀要』二巻一号　二〇〇八年
胎中千鶴「帝国日本の相撲――外地から見た「国技」と大相撲」『現代思想』三八巻一三号　青土社　二〇一〇年
胎中千鶴「植民地台湾の大相撲興行と「国技」相撲」松田利彦・陳姃湲編『地域社会から見る帝国日本と植民地――朝鮮・台湾・満洲』思文閣出版　二〇一三年
高津勝「日本におけるスポーツの受容――「創られた伝統」と世界システム・国民国家・生活世界」『一橋大学スポーツ研究』二七号　二〇〇八年
原田敬一「俠客の社会史――小林佐兵衛と大阪の近代」佐々木克編『それぞれの明治維新――変革期の生き方』吉川弘文館　二〇〇〇年
山下和也「関西角力協会について」『共同研究成果報告書』2　大阪歴史博物館　二〇〇八年
渡邉昌史「日常語としての「相撲」概念の形成――近代国語辞典にみる語釈の変遷からの考察」『スポーツ人類學研究』一五号　二〇一三年

●新聞

朝日新聞
朝日新聞外地版（台湾版）
産経新聞
自由時報
台湾日日新報
東京朝日新聞
東京日日新聞

●雑誌

『アサヒグラフ』朝日新聞社
『アサヒ・スポーツ』朝日新聞社
『運動と趣味』台湾体育奨励会
『国技研修』第一輯　大日本国技研修会
『新体育』新体育社
『新台湾』東京通信社台湾支局
『相撲』大日本相撲協会
『すもう研修』（非売品）財団法人日本相撲研修会
『専売通信』台湾総督府専売局
『台中州教育』台中州教育会
『台湾教育』台湾教育会
『台湾警察協会雑誌』台湾警察協会
『台湾警察時報』台湾警察協会
『台湾公論』台湾公論社
『台湾消防』台湾消防協会
『日本魂』日本魂社
『日の出』新潮社
『ｐｅｎ』阪急コミュニケーションズ
『野球界』（一九四三年に『相撲と野球』、四四年に『相撲界』、同年『国民体育』に改題）博文館
『理蕃の友』台湾総督府警務局理蕃課

索引

［あ］

［か］

胎中千鶴（たいなか・ちづる）
一九五九年生まれ。立教大学大学院文学研究科史学専攻博士後期課程修了。博士（文学）。現在、目白大学外国語学部教授。専攻は台湾史。主な著書に、『植民地台湾を語るということ――八田與一の「物語」を読み解く』（風響社、二〇〇七年）、『葬儀の植民地社会史――帝国日本と台湾の〈近代〉』（風響社、二〇〇八年）、『あなたとともに知る台湾――近現代の歴史と社会』（清水書院、二〇一九年）ほか。

叱《しか》られ、愛《あい》され、大《おお》相撲《ずもう》!

「国技《こくぎ》」と「興行《こうぎょう》」の一〇〇年史《ねんし》

二〇一九年　九月一〇日　第一刷発行

著者　胎《たい》中《なか》千《ち》鶴《づる》

発行者　渡瀬昌彦

発行所　株式会社　講談社
東京都文京区音羽二丁目一二―二一　〒一一二―八〇〇一
電話（編集）〇三―三九四五―四九六三
（販売）〇三―五三九五―四四一五
（業務）〇三―五三九五―三六一五

装幀者　奥定泰之

本文データ制作　講談社デジタル製作

本文印刷　信毎書籍印刷株式会社

カバー・表紙印刷　半七写真印刷工業株式会社

製本所　大口製本印刷株式会社

ISBN978-4-06-517211-7　Printed in Japan
N.D.C.788　269p　19cm

講談社選書メチエの再出発に際して

講談社選書メチエの創刊は冷戦終結後まもない一九九四年のことである。長く続いた東西対立の終わりはついに世界に平和をもたらすかに思われたが、その期待はすぐに裏切られた。超大国による新たな戦争、吹き荒れる民族主義の嵐……世界は向かうべき道を見失った。そのような時代の中で、書物のもたらす知識が一人一人の指針となることを願って、本選書は刊行された。

それから二五年、世界はさらに大きく変わった。特に知識をめぐる環境は世界史的な変化をこうむったとすら言える。インターネットによる情報化革命は、知識の徹底的な民主化を推し進めた。誰もがどこでも自由に知識を入手でき、自由に知識を発信できる。それは、冷戦終結後に抱いた期待を裏切られた私たちのもとに差した一条の光明でもあった。

その光明は今も消え去ってはいない。しかし、私たちは同時に、知識の民主化が知識の失墜をも生み出すという逆説を生きている。堅く揺るぎない知識も消費されるだけの不確かな情報に埋もれることを余儀なくされ、不確かな情報が人々の憎悪をかき立てる時代が今、訪れている。

この不確かな時代、不確かさが憎悪を生み出す時代にあって必要なのは、一人一人が堅く揺るぎない知識を得、生きていくための道標を得ることである。

フランス語の「メチエ」という言葉は、人が生きていくために必要とする職、経験によって身につけられる技術を意味する。選書メチエは、読者が磨き上げられた経験のもとに紡ぎ出される思索に触れ、生きるための技術と知識を手に入れる機会を提供することを目指している。万人にそのような機会が提供されたとき初めて、知識は真に民主化され、憎悪を乗り越える平和への道が拓けると私たちは固く信ずる。

この宣言をもって、講談社選書メチエ再出発の辞とするものである。

二〇一九年二月　野間省伸